應用社會科學調查研究方法系列叢書 [3]

U0066904

量表發展：理論與應用

Scale Development : Theory and Applications

Robert F. DeVellis 著

吳齊殷譯

章英華校閱

國立編譯館主譯

弘智文化事業有限公司

Robert F. DeVellis

Scale Development : Theory and Applications

Copyright © 1991
By Sage Publications, Inc.

Chinese edition copyright © 1999
By Hurng-Chih Book Co., Ltd..
For sales in Worldwide.

ISBN 957-98081-3-9
Printed in Taiwan, Republic of China

叢書總序

　　美國加州的 Sage 出版公司，對於社會科學研究者，應該都是耳熟能詳的。而對研究方法有興趣的學者，對它出版的兩套叢書，社會科學量化方法應用叢書（Series: Quantitative Applications in the Social Sciences），以及社會科學方法應用叢書（Applied Social Research Methods Series），都不會陌生。前者比較著重的是各種統計方法的引介，而後者則以不同類別的研究方法爲介紹的重點。叢書中的每一單冊，大約都在一百頁上下。導論的課程之後，想再對研究方法或統計分析進一步鑽研的話，這兩套叢書，都是入手的好材料。二者都出版了六十餘和四十餘種，說明了它們存在的價值和受到歡迎的程度。

　　弘智文化事業有限公司與 Sage 出版公司洽商，取得了社會科學方法應用叢書的版權許可，有選擇並有系統的規劃翻譯書中的部分，以饗國內學界，是相當有意義的。而中央研究院調查研究工作室也很榮幸與弘智公司合作，在國立編譯館的贊助支持下，進行這套叢書的翻譯工作。

　　一般人日常最容易接觸到的社會研究方法，可能是問

卷調查。有時候，可能是一位訪員登門拜訪，希望您回答就一份蠻長的問卷；有時候則在路上被人攔下，請您就一份簡單的問卷回答其中的問題；有時則是一份問卷寄到府上，請您填完寄回；而目前更經常的是，一通電話到您府上，希望您撥出一點時間回答幾個問題。問卷調查極可能是運用最廣泛的研究方法，就有上述不同的方式的運用，而由於研究經費與目的的考量上，各方法都各具優劣之處，同時在問卷題目的設計，在訪問工作的執行，以及在抽樣上和分析上，都顯現各自應該注意的重點。這套叢書對問卷的設計和各種問卷訪問方法，都有專書討論。

問卷調查，固然是社會科學研究者快速取得大量資料最有效且最便利的方法，同時可以從這種資料，對社會現象進行整體的推估。但是問卷的問題與答案都是預先設定的，因著成本和時間的考慮，只能放進有限的問題，個別差異大的現象也不容易設計成標準化的問題，於是問卷調查對社會現象的剖析，並非無往不利。而其他各類的方法，都可能提供問卷調查所不能提供的訊息，有的社會學研究者，更偏好採用參與觀察、深度訪談、民族誌研究、焦點團體以及個案研究等。

再者，不同的社會情境，不論是家庭、醫療組織或制度、教育機構或是社區，在社會科學方法的運用上，社會科學研究者可能都有特別的因應方法與態度。另外，對各種社會方法的運用，在分析上、在研究的倫理上以及在與既有理論或文獻的結合上，都有著共同的問題。此一叢書對這些特定的方法，特定的情境，以及共通的課題，都提

供專書討論。在目前全世界，有關研究方法，涵蓋面如此全面而有系統的叢書，可能僅此一家。

弘智文化事業公司的李茂興先生與長期關注翻譯事業的余伯泉先生（任職於中央研究院民族學研究所），見於此套叢者對國內社會科學界一定有所助益，也想到可以與成立才四年的中央研究院調查研究工作室合作推動這翻譯計畫，便與工作室的第一任主任瞿海源教授討論，隨而與我們兩人洽商，當時我們分別擔任調查研究工作室的主任與副主任。大家都認為這是值得進行的工作，尤其台灣目前社會科學研究方法的專業人才十分有限，國內學者合作撰述一系列方法上的專書，尚未到時候，引進這類國外出版有年的叢書，應可因應這方面的需求。

中央研究院調查研究工作室立的目標有三，第一是協助中研院同仁進行調查訪問的工作，第二是蒐集、整理國內問卷調查的原始資料，建立完整的電腦檔案，公開釋出讓學術界做用，第三進行研究方法的研究。由於參與這套叢書的翻譯，應有助於調查研究工作室在調查實務上的推動以及方法上的研究，於是向國立編譯館提出與弘智文化事業公司的翻譯合作案，並與李茂興先生共同邀約中央研究內外的學者參與，計畫三年內翻譯十八小書。目前第一期的六冊已經完成，其餘各冊亦已邀約適當學者進行中。

推動這工作的過程中，我們十分感謝瞿海源教授與余伯泉教授的發起與協助，國立編譯館的支持以及弘智公司與李茂興先生的密切合作。當然更感謝在百忙中仍願抽空參與此項工作的學界同仁。目前齊力已轉往南華管理學院

教育社會學研究所服務，但我們仍會共同關注此一叢書的
推展。

章英華・齊力
于中央研究院
調查研究工作室
1998 年 8 月

目錄

1

導論

　　在各個不同的社會研究領域中，測量（measurement）一向都是重要的關注焦點。例如，讓我們看看以下幾個假設的情景：

1. 一位保健心理學家面臨了常見的兩難處境：她所需要的測量量表（scale）顯然並不存在。她的研究需要一種測量，能夠用來區分當一個人去看醫生時，想要（want to）什麼事發生和預期（expect to）將會發生什麼事，這兩者之間究竟有何區別。她的研究顯示，先前其他相關的研究所使用的量表將這兩個概念混淆在一起了，而目前似乎也沒有現存的量表能滿足她想要正確地區分兩者的需要。

2. 一位傳染病學家想要做以全國健康調查的大型資料檔為依據的次級分析（secondary analysis），他想要檢視承

受某一特定狀態之心理壓力和健康狀況兩者之間的關係，但是他不太清楚應該如何處理。雖然在原始的調查資料中沒有包含任何一組問項用以測量壓力，但是有幾個原先是用來測量其他變項的問項看起來符合有關壓力的測量，也許有可能將這些問項組合在一起成爲一個可靠而有效的量表來測量心理壓力。但是，如果這些組合在一起的問項構成了不良的壓力測量，則研究者可能會因而歸納出一些錯誤的結論。

3. 一個市場銷售小組在嘗試爲促銷高價嬰兒玩具新產品的活動企劃時深感挫折，焦點團體的研究結果已經建議這個銷售小組，父母買玩具時的決定是受到玩具是否具有明顯之教育性的強烈影響。該市場銷售小組猜想，一般期望其嬰兒有較高教育和職業抱負的父母親，將會被此新玩具產品所吸引的可能性較高。因此，該市場銷售小組想要從地理分布較廣和數目較多的父母親樣本來評估這些期望和抱負。額外的焦點團體因無法形成一個足夠大的消費者樣本，而被認爲太煩瑣。

在以上所陳述的情況中，對一些實質領域有興趣的研究者已接二連三地面臨測量上的問題。這些研究者中沒有一個在開始時對測量的本身有興趣，然而，他們每一個人在著手處理其主要研究實體之前，都必須找出量化特殊現象的方法，以上的每一個例子中，現成的測量工具不是不恰當，便是不存在，而所有的研究者都認知到，採用隨便的測量方法是要冒產生不正確資料的風險。因而，發展自

己的測量工具看起來便成為研究者所剩的唯一選擇了。

　　很多社會科學研究者也都面臨了相同的問題，對這類型問題一個非常普遍被採取的反應是：依賴一些現存而適用性有問題的工具；另一種反應是：假設新近發展出來看起來不錯的問卷項目將會是適當的測量。對發展可靠和有效的測量工具的方法不熟悉或感到不安，和這些主題的實際資訊難以獲取，已成為不良的測量策略的一些常見的藉口。然而，企圖獲取量表發展技巧，往往令研究者不是陷入主要是專為測量專家所量身訂製的神秘領域，就是面臨所獲資訊因過於籠統而無法使用的困境。本書便是想要提供另一個替代的途徑以供選擇。

一般測量的觀點

　　測量在科學的領域中是一項普遍的工作，經由觀察人們、事物、事件和其過程我們獲得和這些有關的知識。為了明白這些觀察的意義我們通常需要將它們量化。例如當我們測量那些我們有科學上興趣的事情時，測量的過程和它所關聯的較廣泛之科學問題，是彼此間互動的，而它們之間的界限通常是非常細微的。這些現象發生在例如：當在試圖測量某事情的期間，一個新的物質被檢測出來時，或是當在決定如何量化一個有趣的現象的推理中，卻使現象本身有著新的理解時。例如，Gerrity、DeVellis 及 Earp

（1990）評估醫師對不確定醫療措施的反應。量表發展的過程顯示兩個既不同也未預期到的醫師反應的情況：因不確定所產生的壓力，以及不太願意顯露不確定性。事實上，測量本身就能夠成為一門學科，一個較大調查領域中的次學門。

Duncan（1984）主張測量的根本在於社會過程，並且這些過程與他們的測量事實上先於科學：「所有的測量……是社會的測量，物質的測量是為了社會目的」（p.35）。在參考最早期正式的社會測量的過程，例如選舉投票、人口普查和工作晉昇系統，Duncan 注意到「它們的起源看起來似乎代表試圖滿足人們日常生活的必需，而不僅僅是為了滿足科學的好奇心所著手的實驗。」他繼續表示，類似的過程「能夠在物理學的歷史中取得：長度或距離、面積、體積、重量和時間的測量，是經由先民們在解決實質和社會的問題之過程中所獲得；而物理科學便是建立在這些成就的基礎上」（p.106）。

無論起初的動機為何，每一個科學的領域皆發展它自己一套測量的步驟。例如，物理學已經發展出特殊化的方法和設備來檢測次原分子。而在行為科學或社會科學中，心理計量學（psychometrics）已經發展出和測量心理現象與社會現象相關的次學門。最典型的所使用的測量步驟是問卷，而所感興趣的變項則是較大理論架構的一部分。

社會科學中測量的歷史起源

古代的例子

常識與歷史記錄支持 Duncan 的主張，即社會的必需導致科學出現之前測量的發展。無疑地，從史前時代開始某些測量的形式已經成為我們人類戲目中的一部分，最早的人類應該已經在某特質的基礎上，例如大小，去評量事物、所有物和敵人。Duncan（1984）引用聖經以關聯到測量。例如，一個不均衡是對上帝的詛咒，可是一個公平的衡量是對上帝的讚美（聖經 11:1），他也指出亞里士多德（Aristotle）的文章提及法官被授以檢驗重量與度量之責。Anastasi（1968）指出，古代希臘所使用的蘇格拉底的方法，包括探索以了解事物，這可視為知識的檢測。P. H. DuBois 在他 1964 年的論文中，也描述了早在西元前 2200 年中國科舉考試的使用。

統計方法和心理測驗所扮演的角色之出現

Nunnally（1978）指出，雖然系統觀察可能仍然持續進行中，十九世紀的後半以前，因統計方法的缺乏，阻礙了測量人類能力科學的發展。同樣地，Duncan（1984）也觀察到幾千年來數學的大部分領域裡，除了幾何學之外，應

用總是先於正式的理論基礎而發展（他歸諸十九世紀的發展）。在十九世紀，適當的統計方法的重要發展，是受到達爾文（Darwin）的進化論和他對不同物種間有系統地變化的觀察和測量所策動的。達爾文的表弟 Sir Francis Galton 將此系統的觀察物種差異的方法擴展至人類身上，Galton 主要所關切的是生理上和智力上特質的遺傳。Galton 的年輕同事中，Karl Pearson 被很多人認為是統計學的創始者（例如 Allen & Yen, 1979, p.3）。Pearson 發展許多用以檢視變項之間系統化關係的數學工具，包括以他名字命名的積差相關係數（Product-Moment Correlation Coefficient）。於是科學家可以量化那些可測量的特質間的相關。Charles Spearman 延續著這些前輩們的傳統，並且為後續的發展和二十世紀初期因素分析的普及奠定基礎。特別值得注意的是許多早期對正式的測量有貢獻者（包括 Alfred Binet，在 1900 年代早期的法國以發展心智能力測驗著稱），都對智力有共同興趣。因此，很多早期心理計量學的努力被應用在心理測驗（mental testing）上。

精神物理學的角色

現代心理計量學的另一個歷史根源是精神物理學（psychophysics）。嘗試將物理學的測量步驟應用到知覺的研究上，結果導致了有關測量本質的爭論。Narens 和 Luce（1986）曾經整理並摘要這些議題。他們發現在十九世紀晚期，Helmholtz 觀察到物理的屬性，例如長度和質量，擁

有和正實數相同的實際數學結構。例如，和普通數目一樣，長度或是質量的單位能夠被排序或累加。在 1900 年初期，辯論仍持續著。英國科學促進協會委員會（The Commission of the British Association for Advancement of Science）視心理變項的基礎測量是不可能的，因為對知覺排序或累加本質上就有問題。S. S. Stevens 則認為，和應用在長度和質量一樣的完全加法不是必要的，他並且指出人能夠對聲音強度做十分協調的比率判斷。例如，人們能夠判斷一個聲音是另一個聲音音量的兩倍大或只有一半。他同時主張這種比率特性，使得從那些測量所獲得的資料被數學操弄成為可能。Stevens 是以將測量尺度區分為名義尺度、順序尺度、等距尺度和等比尺度而為人所知。大約和 Stevens 發表他對精神物理測量尺度劃分的同時，L. L. Thurstone 也正在發展因素分析的數學基礎（Nunnally, 1978）。Thurstone 的發展在精神物理學和心智能力兩者之間，架設起一道橋樑。根據 Duncan（1984）所述，Stevens 認為 Thurstone 在應用精神物理學的方法到社會刺激的測量尺度上有所貢獻。因為他的工作代表了歷史根源上原本是分開事物的整合。

當代測量的發展

基本概念的評估

　　就如同 Stevens 已有的影響力一樣，他對測量的概念化工作絕不是最後的判準。他定義測量為「根據一些規則賦予物件或事件一些數目」（Duncan, 1984）。Duncan（1984）就曾挑戰這個定義，認為「其定義尚不完全，就和『彈鋼琴乃是根據某些模式，在敲打琴鍵的定義一樣是不完全的』」。測量不僅僅是指定數目，它同時也是依據一個品質的不同等級……或是一些物件或事件的特性來指定其數目」（p.126）。Narens 和 Luce（1986）也確認了 Stevens 原始測量概念的限制，並且舉證說明了很多後來改良的結果。但是，他們的工作卻強化了 Stevens 的一個基本觀點：測量模型的存在不只在於英國科學促進協會委員會所認可的類型，而這些模型使得測量方法在非物理學科的應用上和在物理科學是一樣的。基本上，這些有關測量的基本特性的研究工作，在社會科學的測量步驟運用上已經建立其科學正當性了。

心理測驗的改革

　　雖然傳統上心理測驗（或現在較為大家普遍知道的能

力測驗）已經成為心理計量學中一個活躍的領域，但這不是本書主要的焦點所在。許多在此心理計量學分支的進展比較不那麼普遍，因為當目的不是在測量能力而是測量特質時，這些進展也變得比較無法保證。這些進展包括問項回應理論（item-response theory）的發展，以及使用邏輯模型（logistic models）來描述單獨問項如何關聯到所欲測量之構念（讀書者需要這些主題更廣泛的導覽請看 Crocker 和 Algina，1986，或是想知道更詳細的處理情形請看 Lord 和 Novick，1968）。雖然我會順便提及這些進展關聯到標準化能力測驗或成就測驗的部分，但是筆者將更強調持續支配社會和心理現象測量，而不是能力測量的古典方法。

心理計量學領域的擴展

Duncan（1984）指出，心理計量學對社會科學的影響，已經超越它在知覺和心智能力測量的起始。計量心理學本身已經成為一個方法學的典範。Duncan 用三個和心理計量學的影響有關的例子來支持此一論證：（1）信度和效度在心理計量上的定義被廣泛的採用；（2）在社會科學研究中因素分析的廣受歡迎；以及（3）採取心理計量方法用以發展測量變項的尺度，比那些心理計量學原先所關注的還要更為廣泛（p.203）。在本書往後的章節中，我們將會把注意力放在心理計量概念和方法在各種心理和社會現象測量的適用性。

社會科學中測量所扮演的角色

理論至測量的關係

　　在社會科學研究中，我們試著去測量的現象通常獲自於理論。因此，理論在我們如何概念化我們的測量問題時，扮演著關鍵的角色。當然，很多科學的領域都測量得自於理論的東西，除非一個次原分子經由測量來確認，否則這仍然只是一個理論的構念。但是，心理學和其他社會科學的理論和物理科學的理論是不同的，社會科學家們傾向於依賴許多的理論模型來解釋範圍很小的現象，然而，物理科學的理論則在數量上少得多，並且在範圍上來得更廣泛。例如 Festinger（1954）的社會比較理論強調一個非常小範圍的人類經驗：人們經由比較自己和他人之後來衡量自己本身的能力或意見的方法。相對的，物理學家持續努力導向一個整體的「場域理論」，這會將所有基本的自然力包含在單一的概念架構中。同時，社會科學的發展不如物理科學那樣成熟，而且它們的理論進展的較快。測量得自於複雜的、發展中的理論的一個難懂而模糊不清的現象，對社會科學研究者而言是一個很大的挑戰。因此，對測量步驟要非常謹慎小心，並且要完全的認知到它們的長處和短處，非常重要。

　　研究者越是知道有關他們感興趣的現象，存在於假設

構念之中的抽象關係，以及他們可以取得的量化工具，那麼他們是更有基礎，以發展可信賴、有效和可使用的量表。對感興趣的特定現象的知識，也許對這些思慮而言是最重要的。例如，社會比較理論有很多面向，意味著許多不同的測量策略。所以某一個研究問題，可能需要將社會比較操作化定義為相對偏好，以獲得有關較高或較低地位者的資訊，而其他的研究也許需要將社會比較定義為：相對於「特定人士」在一些面向上進行的自我評定。發展一個完美地適用於研究題目的測量之時，需要包括理論的細微地方都要加以了解。

社會科學或行為科學家所感興趣的許多變項，是無法直接觀察的，其中如信仰、動機、期望、需求、情緒和社會角色的知覺，只是一部分例子。某一些變項，例如性別或年齡，其本質上是不證自明的或能夠經由現存的記錄被正確地認定。其他的變項則無法被直接觀察，但是能夠經由除了問卷之外的研究步驟所決定。例如，雖然認知的研究者們無法直接觀察一個人如何將有關性別的資訊組織到他的自我概念中，他們也許能夠使用回想的步驟來推論有關一個人如何構築他有關自我和性別的想法。還有許多的例子顯示，除了用紙與筆測量量表之外，要用任何方法來評量社會科學的變項，是不可能或不實際的。這些狀況通常，但不是總是，發生在當我們想要測量理論的構念時。所以，一個調查者想要測量雙性人（androgyny）時，他可能發現藉由周密地發展問卷來測量，要比用一些其他替代的步驟要來得容易多了。

理論和非理論的測量

在此時，我們應當承認，雖然本書主要的重點在於理論構念的測量，但並不是所有紙筆測量都是理論取向的，例如，性別和年齡的資料能夠經由問卷中受訪者的自述來獲取。縱使當一個變項不是那麼容易被觀察到或確認，也許有些時候，問項的產生並沒有理論的基礎，而完全根據經驗的基礎來決定事物該如何排列，也是有用的。例如，一個市場研究者可要求父母親們列出他們曾經為子女所買的玩具種類清單，然後可探討這些清單中不同玩具之間關係的模式。通常這類完全經驗的方法，當一個研究者在發展理論或模型的過程，而不是檢測或應用的過程時會特別有用。因此，這個市場研究者可以用一些觀察到的玩具購買模式，作為發展一個購買行為模型的基礎。

另一些有關於非理論性測量的例子是，民意調查的問卷和一些特定的能力測驗。詢問人們使用那一個牌子的肥皂或是他們想要投票給那一位候選人，這通常不太包含任何試圖發展重要理論構念的企圖。說得更恰當一點，目的是在於詢問對象的反應本身，而不是在假定要去反映此人的一些特質。同樣地，能力測驗能夠，而且已經用來發展關於智力或性向的理論，但是能力測驗更常是在實用情境中，用以量化相對於一些常模標準的能力或表現上。

區分理論和非理論的測量情境有時候是很困難的，例如，找尋投票者對總統候選人的偏好，以作為這次選舉結果預測的手段，這等同於要求受訪者發表他（她）的行為

意圖。如果不是完全非理論取向的，此意圖對目的事件，也就是實際的投票行為的關係，是非常直接的。另一方面，如果對受訪者問相同的問題以便決定投票者的保守或自由程度，則研究者可能至少有一個可將對候選人喜好關聯到自由主義——保守主義的潛在理論基礎。於是，此一選舉的資訊，不是想要顯示受訪者如何去投票，而是在說明一些個人的特質。在所舉的這兩個例子中，測量與理論有關或無關是研究者關心之所在，而不是所用的步驟。如果讀者有興趣想學習更多有關如何設計調查問卷，而不關心如何測量假設的構念，可參考 Converse 和 Presser（1986）和應用社會研究方法（Applied Social Research Methods）叢書中 Fowler（1988）、Fowler 和 Mangione（1989）以及 Lavrakas（1987）等的著作。

測量量表

　　測量工具若是集合一些問項，以用來揭露理論取向變項的位置，而此理論變項不能以直接的方法觀察而得，我們通常將這樣的測量工具稱之為量表（scale）。當想要測量一些因我們對這世界有理論上的了解，而我們相信其存在，但是無法直接評估的現象時，我們會發展一些量表。例如，我們可以訴諸憂鬱（depression）或焦慮（anxiety）做為一些我們觀察到的行為之解釋。大部分的理論家會同意憂鬱或焦慮不等同於我們觀察到的行為，但是此二者是行為的基礎。我們的理論建議這些現象是存在的，並且會

影響人的行為方式，但是它們是無形的。有些時候，也許從人們行為的結果來推斷它們的存在是可行的，但是其餘的時候，我們沒有途徑去獲得行為的資訊（例如當我們只限於用郵寄問卷調查法時），不確定如何去解釋可獲得的行為樣本（例如，當一個人面對一個其他大部分的人都會有強烈反應的事件時，也許他會保持不動或被動的狀態時），或者是不願意去假設行為和重要的構念是同形的（例如當我們覺得哭泣是因快樂而來的，而不是因為悲傷而產生的），在這種當我們無法依據某行為作為一個現象的指標時，或許利用細心建構且有效用的量表，來評量這些構念是比較有用的。

量表應該與指標（index）相對照，就如同在本書中所使用的專門術語一樣，量表包含著 Bollen（1989, p.64-65）所謂的「效果指標」（effect indicators），也就是項目的數值是來自於重要的構念（或是如我們下一章將會提到的「潛在變項」，latent variable）。另一方面，指標是由「成因指標」（cause indicators）或由決定一個構念層次的問項所組成的。對測量重要的構念，例如樂觀（optimism）的量表來說，對問項的回答，假定是來自於此構念，也就是樂觀程度較高者會導致其問項分數也較高。相對的，例如對一個部分根基於教育程度的社經地位（SES）指標來說，較高的教育程度不是來自於較高的社經地位，而是教育影響了社經地位。

不是所有量表的品質皆同

　　很遺憾的，並不是所有的量表都是小心謹慎地發展出來的。有些研究者通常將一些問項攏在一起或「撈取」一些問項，並且假設這些問項構成一個合適的量表。研究者不但可能會無能利用理論以發展量表，同時也可能會因為誤解量表所測量之理論而產生錯誤的結論。一個不幸但是令人痛心的常見事件，是根據不能真正反映研究者所預設的變項的測量結果，研究者據以下了錯誤的結論說一些構念是不重要的，或某些理論是不穩定的。考量一個假設的情境，即研究者想用一些現存的資料檔做一個次級的分析。我們假設研究者有興趣知道，社會支持所扮演的角色對其後的專業成就之影響，研究者觀察到可使用的資料檔，這資料檔包括了在經過一段相當時間後，受試者專業地位的豐富資訊，並詢問此受試者是否結婚。事實上，也許資料中有在好幾個不同時間有關婚姻的問項。我們更進一步假設此資料檔缺乏任何更詳細評估社會支持的資料，在此情形下研究者決定將這些和婚姻有關的問項加起來以成為一個「量表」，並且用此量表作為社會支持的測量。

　　雖然這個情境是假設的，但事實上，我們能夠找到一些發表的例子，研究者是根據婚姻狀態或有相同問題的指標，判斷社會支持的角色（請看 Wallston、Alagna、DeVellis 和 DeVellis，1983 年的文獻回顧）。將社會支持等同於一個人的婚姻狀態，是不恰當的，後者不但忽略了社會支持的一些重要面（例如知覺到所受到支持的品質），並且將

一些潛在的無關因素（例如在測量時，兒童的地位對比於成人的地位）包括進去了。

不良測量之成本

即使唯一能用的測量是不良的，但使用這不良的測量所需的成本，也許會比所能夠獲取的任何利益來得大得多了。在社會科學的領域中，很少會有以下的情況發生，也就是需要立即做成決定以避免嚴重的後果產生，以及一個人除了湊合著使用能獲得的最好工具以外，便沒有其他的選擇了。即使在這些很少發生的情況中，一旦使用了不良的測量以評量構念，其早先的問題仍不會消失不見。這是否意味著，我們應該只使用那些經過嚴謹發展出來的測量工具和已獲得廣泛認可的測驗嗎？雖然在某些情況下，不完美的測量也許比沒有任何測量來得好些，但是當我們的測量步驟有瑕疵時，我們應該知覺到，並且據以調整我們的結論。

通常，相對於刺激一個研究和嘗試簡略測量以達節約目的來說，研究者將會認為測量是次要的科學議題，但是適當的測量對有效的研究來說是必要的條件，研究者在他們感興趣的理論構念和他們所操弄的測量方法兩者之間，應當致力於使之同形。不良的測量對研究者所下結論的效力，會有絕對的限制。對一個認為少放注意力在測量上，而應多放注意力在實質議題上的研究者而言，適當的策略應該是：從一開始便將調查中測量的部分修正好，之後它

量表發展：理論與應用

便能或多或少被視爲理所當然。

　　研究者有可能因爲希望減少受訪者的負擔，而使用了太簡略的量表，以致錯誤地簡約了測量。不論受訪者有多喜歡簡短的問卷，選擇一份太簡略因而無法信賴的問卷，並不是個好主意。一份可信賴的，但也許只有半數受訪者完成的問卷，比起一份不可靠的但所有的受訪者皆完成了，但卻如此地易犯錯誤以致於無法解釋的問卷，我們從前者所得到的資訊要多得多。假如你無法判定資料是具有什麼意義，那麼所蒐集資訊的數量的多寡是無關緊要的。

總結與前瞻

　　本章強調測量在所有科學的分支領域中，包括行爲科學和社會科學，都是一項基本的工作。心理計量學是以關心測量社會和心理現象爲主的社會科學中的特殊領域，其歷史的淵源可回溯至非常古老的時代。在社會科學中，理論在測量量表的發展時，扮演著重要的角色，這些測量量表是問項之總和，可以反映重要理論變項的指標。但是，在這點意義上，並不是所有問項的集合便會組成量表，發展量表要求的東西，或許比隨意地選擇問項所要求的更多，但是無論如何，使用「非正式」的測量所需的成本通常大大地超過所能獲取的利益。

　　之後的幾章將涵蓋並詳細討論量表發展的原理和方

法。第 2 章探討一個量表試著將之量化的重要構念——「潛在變項」，並且介紹後面幾章將會敘述到的方法的理論基礎；第 3 章將提供一個了解信度和構成信度係數的邏輯概念化基礎；第 4 章回顧了效度；第 5 章則是量表發展的實用指南；第 6 章介紹了因素分析的概念，並且敘述如何將之用於量表發展上；最後，第 7 章簡要地討論量表如何融入更廣闊的研究過程中。

2

如何理解潛在變項

　　本章在介紹一個概念輪廓以理解測量和它們所代表的
構念之間的關係，雖然這不是唯一可能的架構。例如，潛
在特質模型（例如 Crocker 和 Algina, 1986），雖然它常被
用在發展能力測驗，本章將只作概略地回顧。因為在概念
和計算上相對較為容易，並且被廣泛的使用，我特別強調
古典的測量模型，此模型假設個別項目對於重要構念而言
都是可比較的指標。

構念暨測量

　　研究者的主要興趣在於構念而不是在問項或量表本
身。例如，對於測量父母對其子女們未來期望的市場銷售

研究者而言，比較感興趣的是父母對子女們的未來會成就些什麼的無形感想和希望，而比較不會去在意這些父母們在回答問卷時是在那個位置做了什麼記號。但是，很多時候，記錄對問卷的回答會是最好的評量這些感想和希望的方法。量表問項通常是評量構念的一種方法，換句話說，因為很多構念不能夠直接評估，所以這些量表問項是必須的。

量表想要反映的重要現象或構念通常稱為「潛在變項」（latent variable）。什麼是潛在變項呢？它的名稱透露了兩個主要的特色，回想一下父母對子女所能成就程度的期望的例子，第一，父母對子女的期望是「隱藏的」而不是顯性的，這期望不是可以直接觀察得到的。此外，此構念是「變異的」而不是不變的——也就是說，它的某些面向，例如它的強度或大小，會變化。在不同的時間（例如當子女尚在嬰兒期間相對於子女在青少年期間）、地點（例如在運動場上相對於在教室中）、人物（例如不同出生背景或職業的父母），或任何這些和其他面向的組合，父母對他們子女成就的期望會改變。潛在變項是研究者感興趣的真實現象，在這個例子中是子女成就的期望。雖然我們無法直接觀察或量化它，但在一些指定的條件下賦與潛在變項假定一特定的值。發展量表以測量一個潛在變項，是想要估計在對被測量的每個人在某測量的時間和地點它真正的量是多少。這個無法觀察的「真正量」就是「真實分數」（true score）。

潛在變項作為問項值的預設成因

潛在變項的觀念意味著它本身和關聯它的問項之間一種特定的關係，潛在變項被認為是導致項目分數的一個原因——也就是說，潛在變項的強度或量（亦即它真正分數的值）被預設是賦與問項（或一組問項）一特定之值的原因。

可以加強這個論點的例子是：以下幾個是一些假設的問項，用以評估父母對子女成就的期望：

1. 我子女的成就決定了我自己的成功；
2. 我將會做幾乎是任何事以確保我子女的成功；
3. 假如能幫助我子女成功，沒有任何犧牲是太大的；
4. 我子女的成就對我來說，比任何我能想到的事還要來得重要多了。

如果我們給父母機會表達他們對這每個問項的同意程度如何，他們對子女成就的重要期望應該影響他們對這些問項的回答，換句話說，每一個問項應當意指潛在變項，亦即對子女成就的期望的強度為何。每一問項所獲得的分數是：對於某個特定的受訪者而言，潛在變項在某特定時間的強度或數量而得的。

潛在變項和測量之間的因果關係意味著特定的經驗關係。例如，假如一個問項值是因潛在變項而得的，因此潛

在變項的數值和真正分數之間應該有相互的關係。因為我們無法直接評估真正的分數，因此我們不能計算它和問項之間的相關。但是，當我們檢視一組假定也是來自於同一個潛在變項的問項時，我們便能夠檢視問項相互之間的關係。因此，如果我們有好幾個像前面所測量父母對子女成就期望的問項時，我們就能夠直接察驗他們相互之間是如何相關，視潛在變項為問項之間相互關係的基礎，並利用此資訊以推斷每一個問項和潛在變項是如何相關的。

總之，我將會解釋以上所提及的各項關係是如何能從問項之間相關而獲知。首先，我將會介紹一些圖式的步驟以有助於本章的解釋能更清楚些。

路徑圖

這個主題所涵蓋的範圍將僅限於和量表發展有關的議題，如需更深入地探討，請參考 Asher(1983)，Duncan(1975)或 Kenny（1979）。

圖示的慣例

路徑圖是一種描述變項之間因果關係的方法。雖然能在資料分析方法之一的路徑分析時使用，路徑圖做為敘述一組變項是如何相關聯的方法時有更廣泛的一般性用途。

這些圖示有著一些特定的慣例。一條從一個變項符號劃到另一個變項符號的帶箭頭的直線，指示著這兩個變項是因果相關，並且箭頭也同時指出了因果關係的方向。因此，X→Y 即明確地指出 X 是 Y 的成因。通常，連結的路徑是由符號來指認的，例如在這個例子中的字母「a」：

X———— a ————→ Y

沒有箭頭也有其明確的意義，亦即兩個變項是不相關的，因此：

A ——→ B ——→ C   D ——→ E

則說明了 A 致使 B，B 致使 C，C 和 D 是不相關的，和 D 致使 E。

另一個路徑圖的則是表示「誤差」（error）的方法，這通常描述成其他的成因變項。此誤差項是「殘差」（residual），代表沒有被圖示中明確描述的其他原因所計算在內的所有可能的變異。

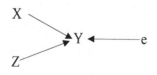

因為此誤差項是殘差，它代表了根據對 X 和 Z（在本

例中）的理解，Y 的真正值和我們將會預測 Y 是什麼之間的差異。有些時候，誤差項是假設的，因而沒有包括在圖示中（請看以下的例子）。

在量表發展中的路徑圖

路徑圖能夠幫助我們看清楚量表問項是如何因果相關地關聯到一個潛在變項的。它們同時也能夠幫助我們了解，問項之間的特定關係是如何意味著問項和此潛在變項兩者之間的特定關係。我們以檢視對路徑圖的簡單計算規則為開端。讓我們看看一個簡單的路徑圖：

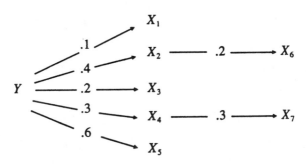

在路徑上的數字是「標準化的路徑係數」（standardized path coefficients），每個數字表示被箭頭所連接的不同變項之間因果關係的強度。事實上，標準化係數意指它們皆使用相同的尺度以量化此因果關係。在此圖例中，Y 是 X_1 到 X_5 的成因。在各個 X 間（在量表發展類型的路徑圖的例子中這代表了問項）彼此相關的程度和路徑係數的值之間存在著有用的關係。對類似這樣只有一個共同的起點（在本

例中的 Y）的圖示，在任兩個 X 之間的相關程度是等於通過 Y 而在此二個 X 變項之間由箭頭所形成的路線的乘積係數。例如，X_1 和 X_5 之間的相關是將經由 Y 連接兩個 X 的兩個標準化路徑係數相乘而計算得來的。因此，r_{15} = $.6×.1$ =.06。變項 X_6 和 X_7 也分享一個共同起源 Y，但是連結此二者的路線要長得多了。無論如何，仍是應用此一規則。從 X_7 開始，我們能夠追溯回 Y，然後再前進至 X_6（或者我們可以走另一個方向，從 X_6 到 X_7）。結果是：$.3×.3×.4×.2$ =.0072。因此，r_{67} = .0072。

　　這在路徑係數與相關程度之間的關係，提供了用以估計潛在變項和它所影響的問項之間路徑的基礎。縱使這潛在變項是假設且不可測量的，但問項是真實的並且它們之間的相關程度是可以直接計算。根據剛才用這些相關程度來討論這簡單的規則，和一些有關問項和真實分數之間關係的假設，我們可以提出對問項和潛在變項兩者之間路徑的估計。我們能由一組變項間的相關程度著手，然後，從路徑和相關程度之間的關係倒推回去，如果我們的假設是正確的話，我們就能判定一些特定路徑的值應該是什麼。讓我們看看以下的這個例子：

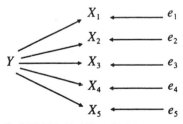

此圖示和早先所討論的例子很類似，只是沒有路徑值，

X_6和 X_7 已經被去掉，剩餘的 X 變項代表量表問項和每一問項除了 Y 之外還受另外一個變項（誤差）的影響。這些在每一個項目中的 e 變項是獨立的，並且代表了每一個項目中無法被 Y 所解釋的殘餘變異。這個圖示指出了所有的問項都受到 Y 的影響。除此之外，每一個問項都受到除了 Y 之外的一組被共同地當成誤差的獨立變項所影響。

此修正的圖示代表這五個獨立問項是如何相關於單一的潛在變項 Y。賦與所有的 e 和 X 的數值指出這五個問項是不同的，而且這五個問項中每個問項，各有其誤差，而來源也是不同的。在本圖中並沒有從其中一個 X 直接到另一個 X、或從一個 e 到另一個 e，或從一個 e 到一個除了它本身所關聯的之外的 X 的箭頭。這些圖例的面向代表了稍後將會討論到的假設。

如果我們有五個由一群人所填答的真實問項，我們將會有可以將之彼此相關聯的問項分數。先前所檢視的規則令我們從一個路徑係數來計算相關程度是可能的。再增加一些假設，此規則同時也讓我們能從相關程度來計算路徑係數——也就是說，從真實問項所計算獲得的相關程度，能被用來判定每一問項是如何關聯到潛在變項的。例如，如果 X_1 和 X_4 的相關程度是.49，那麼我們知道從 Y 到 X_1 路徑和從 Y 到 X_2 路徑的值的乘積是等於.49。我們知道這是因為在兩個變項間的相關程度等於沿著連接這兩者路線的路徑係數的乘積這個規則。如果我們也同時假設兩個路徑值是相等的，那麼它們應該都是.70。[1]

測量模型更進一步的詳解

古典測量假設

　　古典測量模型是以有關問項和它們與潛在變項間關係及與誤差來源的關係間的共同假設開始的：

1. 和個別問項連結的誤差量，其變異是隨機的。當把一大群人的個別問項的誤差總和起來，其平均會是零，因此，當一群數目很大的受訪者都回答了某一問項時，則此問項的平均值大概不會受到誤差的影響。
2. 一個問項的誤差項和另一個問項的誤差項之間是不相關的，那些連接問項的路線只會通過潛在變項，但絕不會經過誤差項。
3. 誤差項和潛在變項的真正分數之間是不相關的，需要注意的是從潛在變項所輻射出的路徑不會向外擴展到誤差項。一個問項和其誤差項之間的箭頭是由誤差項指向問項而不是相反方向。

　　上面所提的前兩個假設，是很多分析步驟的共同統計假設。第三個假設則相當於：定義「誤差」為在考量一組預測變項和一個依變項（在本例中為一組問項和其潛在變項）之間的所有關係之後所餘留下來之殘差。

平行「檢測」

　　古典的測量理論是根基於平行檢測的假設之上的。「平行檢測」（parallel test）一詞是根據一個人能視每一個別問項為一對潛在變項的檢測而來的。對我們的目的而言，用平行問項也許是比較正確的，但是，這裡將會遵照一般的習慣而使用傳統的名稱。

　　平行檢測模型的一個優點是根據我們對問項間彼此相關情形的觀察，平行檢測的假設使它很容易達成一個關於個別問項和潛在變項間如何相關的有用的結論。早先，筆者曾建議以對問項間相關程度的知識和一些特定假設，我們就能推論從一成因變項引至一個特定問項的路徑。就如同會在下一章中討論到的，在潛在變項和問項本身之間的關係能賦予一個數值，是非常重要的。因此，在這一節中，我將會更仔細地檢視平行檢測的假設如何導致特定的結論。

　　構成平行檢測模型基礎的原理是在於：一個量表中的每一問項是和任何其他的量表問項一樣能夠精確地測量到潛在變項。因此個別問項間是完全平行的，這也就是說我們假定每一問項和潛在變項間的關係，完全相等於其他每個問項和此潛在變項的關係，並且我們也假設每一問項的誤差量也是相等的。

　　以圖例來看，這個模型能被表示為如下：

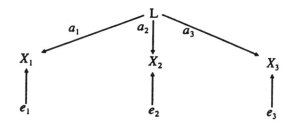

此模型在先前的假設中另加了兩個：

1. 潛在變項對每一個問項的影響是被假設成對所有問項一樣的。

2. 每一個問項都假設和其他任何一個問項有相同的誤差量，此意指對所有的問項而言，除了潛在變項以外其他因素的影響都是相等的。

　　這兩個新添的假設意味著每個問項和真正分數之間的相關是相等的，能夠說這些相關是相等的非常重要，因為這導致決定這每個相同的相關程度的「值」的方法，而這將會在下一章中再詳細討論。

　　要能說真正分數和每個問項間的相關程度都相等，需要前面的兩個假設。相關的平方是兩個變項共享變異的比例，所以，如果真正分數和每兩個問項間的相關是相等的，那麼兩個變項共享變異的比例也必須是相等的，假設一個真正分數對兩個變項所貢獻的變異量是相同的。只有在問項具有相同的總變異時，每一問項的變異量能夠佔相同比例的總變異。為了使兩個問項的總變異是相等的，每一問

項從真正分數以外的其他來源所獲之變異總和也必須是相等的。當真正分數之外的所有變異來源都併在一起成為誤差，此代表兩個問項必須要有相同的誤差變異。例如，假如 X_1 有 9 個變異單位是來自於真正分數，而 1 單位來自於誤差，則真正分數的比例應是總變異的 90%。假如 X_2 也有 9 個單位的變異是來自於真正分數，這 9 單位可能只有總變異的 90%，假設總變異是 10 的話。和對 X_1 一樣，如果誤差只貢獻 1 單位給 X_2，總共可能只等於 10。每一問項和真正分數之間的相關，因此應等於貢獻給真正分數的每一問項變異的比例的平方根，或在本例中是 .30。

因此，由於對每個問項來說，平行檢測模型假設從潛在變項來的影響總和是相同的，而且從其他來源（誤差）的影響總和也會是相同的，所以因潛在變項和誤差所致使的問項變異的比例，對所有的問項來講是相等的。這同時也表示在平行檢測模型的假設之下，對所有問項而言從潛在變項到每一問項的標準化路徑係數也是相等的。假設標準化路徑係數是相等的，這使得在前面例子中提到的，由問項間的相關來計算路徑係數變為可能。早先我們曾討論過路徑係數和相關程度的關聯，此一路徑圖的規則應該能幫助我們了解，當一個人接受前面那些假設時，為何這些均等能維持。

此平行檢測模型的假設同時也意味著：問項間的相關程度是相等的（例如，X_1 和 X_2 之間的相關程度等於 X_1 和 X_3 之間或 X_2 和 X_3 之間的相關程度）。我們如何由假設而獲致此結論呢？所有的相關程度都是相同的，因為計算任

何兩個問項間相關程度的唯一機制，是經由潛在變項而連接這些問項的路線。例如，X_1 和 X_2 只有被連接路徑 a 和路徑 b 形成的路線所關聯著。相關程度能夠由沿著連接兩個問項的路線並且將路徑的值相乘計算而得。對任何兩個問項而言，這使得我們需要將兩條有相同值的路徑（也就是 a_1=a_2=a_3）相乘。而這些將相同值相乘所計算得到的相關當然會是相等的。

這些假設同時也表示，這些問項間的每個相關，等於任一從潛在變項到個別問項的路徑的平方。而我們是如何得到此結論的呢？兩個不同路徑的乘積，例如 a_1 和 a_2，是等於其中一條路徑的平方，因為兩個路徑係數是相等的。如果 a_1=a_2=a_3，而且（$a_1 \times a_2$）=（$a_1 \times a_3$）=（$a_2 \times a_3$），那麼後面這些每個乘積也必須等於任何一個 a-路徑的值乘以它本身的值。

關聯於每一問項的誤差比例與潛在變項相關的變異的比例之間是互補的，這同時也是來自於平行檢測模型的假設。換句話說，一個特定問項的效果只要無法由潛在變項所解釋，就必須由誤差來解釋。總的來說，這兩個效果解釋任何一特定問項 100%的變異。這是因為誤差項，e，被定義為：包含問項中除了潛在變項外所有變異的來源。

這些假設支持了至少另一個結論：因為潛在變項同等地影響每一個問項，而且每一誤差項對與它相符的問項的影響也是相等的，所以所有的問項都有相同的平均數和變異數。對所有的問項來說，如果能夠影響平均數的只有兩個來源是相等的，那麼很清楚的，所有這些問項的平均數

也將會是相等的。這一論點對問項變異而言也是相同的。

總結的說，平行檢測模型假設：

1.　隨機誤差；
2.　所有的誤差彼此之間是不相關的；
3.　所有的誤差和真正分數之間是不相關的；
4.　潛在變項對所有問項的效用是完全一樣的；
5.　每一問項的誤差總和是相等的。

這些假設讓我們能做一些有趣的結論。更進一步的說，平行檢測模型使我們能根據問項和另一個問項的相關來推論潛在變項。但是，此模型需經由十分有力的假設的敘述才實現了這個技術。

替代的模型

然而，在實際狀況中，為從真正分數與觀察所得分數間的關係提出有用的推論，和平行檢測完全相關聯的嚴密限制的所有假設，並非是必須的。根據技術上所謂「基本 tau 等值檢測」（essentially tau-equivalent tests）（或者有時候稱隨機平行檢測，randomly parallel tests）的模型，做了一個比較自由的假設，亦即和某一特定問項關聯的誤差變異量不需要等於其他問項的誤差變異（例如 Allen & Yen,

1979）。因此，從潛在變項到每一問項的路徑的「標準化」值可以不相等。但是，從潛在變項到每一問項的路徑的「未標準化」值（也就是說此變異量相對於潛在變項對每一問項影響力的比例），對所有問項來說仍然預設爲相等的。這代表了關於它們被潛在變項所影響的程度問項是平行的，但問項被其他併在一起當成誤差的外在因素之影響，不必是完全相同的。在完全平行的假設之下，不同的問項不僅僅和真正分數有同樣程度的相關，而且它們的誤差組合成分也是相同的。Tau 等值（tau 是希臘字母等於真正分數中的「t」）較容易被接受，因爲它不強制需要「相同誤差」的條件。因爲誤差可以不同，問項的平均數和變異數也可以是不同的。這個模型之較自由的假設是比較吸引人的，因爲要找出相同變異數的等值測量是很少見的。這個 tau 等值模型允許我們達成很多和完全平行檢測相同的結論，但其假設的限制卻少得多。讀者也許希望比較這個模型和 Nunnally（1978）討論的「主題抽樣模型」（domain sampling model）。

　　有些量表發展者仍然認爲基本 tau 等值模型限制還是太多了。到底我們能多頻繁的假設每一個問項被潛在變項所影響的程度是一樣的？在所謂的「同類模型」（congeneric model）（Jöreskog, 1971）之下所發展的檢測，則接受一組更寬鬆假設（若需要更詳細地討論同類模型，請看 Carmines & McIver, 1981），此模型僅僅假設（在基本的測量假設之外）所有的問項共享一個潛在變項，它們和潛在變項的關係不需要一樣，而且它們的誤差變異程度也不需要相同。

我們只要假設每一個問項反應了某種程度的真正分數，當然，每一問項和真正分數的相關程度越強，則量表會越可靠。

　　一個更自由化的方法是「一般因素模型」（general factor model），這允許多個潛在變項為一組問項的基礎，Carmines 和 McIver（1981）以及 Long（1983）曾討論過這個非常一般化的模型之優點；其最主要的優點便是它們更加的符合真實世界。

　　同類模型是因素模型的一個特殊案例（也就是單一因素案例），同樣的，基本 tau 等值測量是同類測量模型的一個特殊案例——問項和它們的潛在變項之間的關係假設都是相等的。最後，完全平行檢測則是基本 tau 等值檢測的一個特殊案例，加上每一問項和其關聯的誤差來源之間的關係是相同的假設。

　　另有一個應該簡單提及的測量策略，亦即問項回應理論（item response theory, IRT），這也是大家所熟知的潛在特質或真正分數理論。在發展成就測驗時，這項策略主要使用兩分法回答（例如正確相對於不正確）問項的方法，但卻不是唯一的策略。在較大範圍的問項回答理論（IRT）中，不同的模型可能根據常態或增加的次數，以及其邏輯機率功能。問項回答理論假設每一個別問項對其潛在變項有其特別的敏感性，這可以問項特質曲線（item-characteristic curve, ICC）來代表，一個問項特質曲線是潛在變項（例如能力）的值和對一問項特定回答可能性（例如正確地回答）二者之間關係的圖。因此，此曲線顯示了此一問項需要有

多少能力以便被正確地回答，問項回答理論容許個別問項被測定，以在不同受訪者和不同測驗時都可以進行能力評估的方法。問項回答理論和 Thurstone 量表有一些共同的優點，同時也有一些相同的缺點，在第 5 章我們將會簡單討論。讀者希望學到更多有關問項回答理論的話，應該參考有關教育測量的相關書籍，例如由 Allen 和 Yen（1979）或 Crocker 和 Algina（1986）所著之書，需要更詳細的計算，則請看 Reiser（1981）或 Lord 和 Novick（1968）。

除了在第 6 章會討論因素分析之外，我們幾乎不將焦點放在平行檢測和基本 tau 等值模型的原因有以下幾點。第一，它們是「古典的」測量模型的範例。除此之外，討論其他模型的操作機制，很快的便成為一種負擔。本書不假設統計概念的便利性是需要討論的。同時，很多不是測量專家的社會科學家，並不熟悉一些必須使用到的軟體，例如進行問項回答理論的步驟。最後，古典模型已經證明對那些原先對測量不感興趣，但是謹慎看待測量的社會科學家們是非常有用的，這一群社會科學家便是本書寫作時所設定的讀者，對這一群人來說，遵循古典模型的量表發展步驟一般會產生令人非常滿意的量表。確實，就我所知道的，雖然沒有是馬上可用的，我猜想（能力測驗之外），在社會科學研究中用到的相當大部分大家所熟知的和高度重視的量表，是根據此步驟而發展出來的。

練習

- 我們如何能根據二個問項間的相關程度來推論潛在變項與和它相關的二個問項之間的關係程度？
- 在平行檢測的假設和基本 tau 等值模型的假設之間最主要的差異是什麼？
- 除了對所有測量方法都相同的基本假設之外，那一個測量模型只有假設問項間有一共同的潛在變項？

附註

---

[1] 雖然 -.70 也是 .49 開平方根的一個可能的數值，但是一般來說，我們不是那麼在意應該是正平方根或是負平方根，只要所有的問項能夠彼此有正相關（如果必要的話，如第 5 章所討論的可「反向過錄」一些特定問項），那麼從潛在變項到個別問項的路徑係數的正負記號將會是相同的，而且是特定的。但是值得注意的是，給這些路徑以正向係數值意指問項與構念之間的關係是正向的，而負係數則恰好相反。

3

信度

Ghiselli、Campbell 和 Zedeck（1981）認爲信度是在心理測量中一個基本的議題（p.184），一旦我們完全了解它的意義，它的重要性便變得很清楚了。量表信度可歸因於潛在變項的真正分數變異的比例，有好幾個方法可以計算信度，但所有的方法都共有此基本定義。只是，一個人如何概念化和操作化信度，會因不同的計算方法而有所差異。

連續問項暨二分問項

雖然問項可以有很多不同的回答形式，在本章我們假設問項的回答包括多重回答選項。二分問項（也就是只有兩種回答選項的問項，例如「是」與「否」或那些有多個

回答選項但能被區分爲「對」相對於「錯」兩種）被廣泛
的運用在能力測驗和其他的測量上，但程度上比較少。如
以下的例子：

1.　蘇黎士是瑞士的首都。　　對＿＿＿錯＿＿＿
2.　圓周率的值是什麼？（a）1.41（b）3.14（c）2.78

　　　　一些利用二分回答的計算便利而計算信度的特殊方法
已經發展出來了，一般測量的文章，例如 Nunnally（1978）
以及 Crocker 和 Algina（1986），非常詳盡地涵蓋了這些方
法。這些評估信度的方法的邏輯與更爲一般化、應用在多
點連續量表問項的方法大致上雷同。爲了簡潔起見，本章
將只會簡略提到二分問項所組成的量表之信度評估的方
法。這種類型量表的一些特質，將會在第 5 章中討論。

內在一致性

　　　　就如同其名稱所指的一樣，內在一致性信度所關注的
是：組成量表之問項間的同質性。根據古典測量模型所發
展出來的量表，想測量的是單一的現象。就如同我們在前
面一章所看到的測量理論建議：一些問項間的關係在邏輯
上和問項對潛在變項的關係是有所相連的。如果一個量表
的問項和其潛在變項間有很強的關係，這些問項彼此之間

也將會有很強的關係。雖然我們無法直接觀察問項和潛在變項之間的連結,但是我們可以很確切地決定問項之間是否相關。一個量表,在其問項是高度彼此相關的情況下,則是內在一致的(internally consistent)。問項間高的相互關聯告訴我們這些問項都是測量相同的事情。如果我們和前一章討論一樣的假設,我們也能得到結論:問項之間很強的相關意指問項和其潛在變項間有很強的連結。因此,單一面向的量表或多重面向量表的其中一個面向,應該包含一組彼此間相關良好的問項。測量數個不同現象量的多重面向量表,例如,the Multidimensional Health Locus of Control(MHLC)量表(Wallston, Wallston & DeVellis, 1978)——其實可以說是相關量表組成的家族;每一「面向」本身就是一個量表。

α 係數

內在一致性一般說來就視同 Cronbach(1951)的 alpha(α)係數。我們將會詳細檢視α,有以下幾個原因。第一,它被廣泛的用在測量信度上。第二,它和信度定義的關聯,比以後將討論的其他信度的測量(例如不同形式的方法),或許更非不證自明的。結果,對那些不熟悉它內部的運作的人而言,α會比其他的信度計算方法顯得更為複雜。最後,以α計算為基礎的邏輯探討,提供了穩固的基礎,用以比較其他的計算方法如何獲取我們所指的信度的本質。

庫德－理查森公式 20（the Kuder-Richardson formula 20），或一般大家比較熟悉的名稱 KR-20，是二分問項（例如 Nunnally, 1978）的 α 特殊版本。但是，如先前所指的，我們將會專注在應用於多重回答選擇的問項中更為一般化的形式上。

　　你可以設想，一組問項分數的所有的變異性，來自於以下兩種情況之一：（a）不同的個人在此量表所測量的現象中的真實變化（也就是潛在變項的真正變異）；和（b）誤差。上述為真的理由在於：古典測量模型界定「所針對的現象」（例如，病人想要控制和醫生之間的互動）為所有共為變異的來源，並且「誤差」是在量表分類上所殘留或未享有的變項（例如，單一問項之未預期的雙重定義）。另一種思考的方法是視總變異量具有兩個組成元素：「訊號」（signal）（也就是病人想控制主動的真正差異），和「干擾」（noise）（也就是除了想控制的真正差異之外，所有可能產生分數差異的事物）。如同我們將會看到的一樣，α 的計算，將一組問項中的總變異量區分為訊號和干擾元素。訊號所佔總共變異的比例會等於 α。因此，另一個思考 α 的方法是它等於 1 減去誤差變異，或相反地，誤差變異等於 1 減去 α。

共變數矩陣

　　為了能更完全地了解內在一致性，檢視一組量表問項的「共變數矩陣」（covariance matrix）是有助益的。一組

量表問項的共變數矩陣，透露了視量表為一整體的重要訊息。

共變數矩陣是相關係數矩陣更概括性的形式。它和相關係數矩陣不同的地方在於：輸入的資料是未經標準化的。也就是說，在未經標準化的形式上，它和相關係數矩陣包含了相同的資訊。一個共變數矩陣中對角線的元素是變異數──問項和其自身的共變數──就如同沿著一個相關係數矩陣的主對角線的單數 1，是變項和其本身的相關係數。而其對角線之外的值便是共變數，表示一對未經標準化的變項之間的關係，就如同相關係數經標準化所顯示的關係。因此，就概念上來說，一個共變數矩陣包括了（1）個別變項的變異數（在對角線上）；和（2）（在對角線之外）代表一對變項間未標準化關係的共變數。

典型的三個變項，X_1、X_2 和 X_3，之共變數矩陣為：

	X_1	X_2	X_3
X_1	Var_1	$Cov_{1\,2}$	$Cov_{1\,3}$
X_2	$Cov_{1\,2}$	Var_2	$Cov_{2\,3}$
X_3	$Cov_{1\,3}$	$Cov_{2\,3}$	Var_3

或是，對矩陣、變異數和共變數更簡潔扼要地使用一些慣用的符號：

$$\begin{bmatrix} \sigma_1^2 & \sigma_{1\,2} & \sigma_{1\,3} \\ \sigma_{1\,2} & \sigma_2^2 & \sigma_{2\,3} \\ \sigma_{1\,3} & \sigma_{2\,3} & \sigma_3^2 \end{bmatrix}$$

多重問項量表的共變數矩陣

　　讓我們將注意焦點放在：當全部加在一起時，組成量表的一組問項的共變數矩陣之性質上。以上所顯示的共變數矩陣有三個變項，X_1、X_2 和 X_3。假設這些變項對三個問項來說都是真實的分數，而且當三個問項 X_1、X_2 和 X_3 累加在一起時組成一個量表，我們稱之爲 Y。到底這個矩陣能夠告訴我們什麼有關個別問項對一個整體量表的關係呢？

　　一個共變數矩陣有一些非常有趣的（或者，至少是很有用的）特性。其中之一是：將矩陣中所有的元素累加起來（也就是將對角線上的變異數和對角線之外的共變數相加）可獲得一個數值，而這數值會正好等於此一量表總和的變異，如果假設在所有問項都是同樣權重的話。所以，如果我們將在以符號出現的共變矩陣中所有的項目累加，獲得的總和將會是量表 Y 的變異數。這是非常重要而值得再次重覆的：一個由任何數目的問項所組成的量表 Y 的變異數，等於在這些問項組成的共變數矩陣中所有的值的總和，若是在所有問項皆同等權重的假設之下[1]。因此，一個由三個相同權重的問項 X_1、X_2 和 X_3 所組成的量表 Y 的變異數，形成以下對這些問項的共變數矩陣的關係：$\sigma_y^2 = C$，而：

$$C = \begin{bmatrix} \sigma_1^2 & \sigma_{12} & \sigma_{13} \\ \sigma_{12} & \sigma_2^2 & \sigma_{23} \\ \sigma_{13} & \sigma_{23} & \sigma_3^2 \end{bmatrix}$$

若讀者想要更多和本節所討論主題有關的資訊，共變數矩陣的資料請參考 Nunnally（1978），而介紹統計中矩陣的運算則請參考 Namboodiri（1984）。對個別的問項而言共變數矩陣有其他有用的資訊，能夠從問項的共變數矩陣導出的應用方式在 Bohrnstedt（1969）的文章曾詳細討論。

α 和共變數矩陣

　　我們定義 α 為量表的總共變異，可歸因為同一個來源（假定這是一個以問項為基礎的潛在變項的真實分數）的比例。因此，假如我們想要計算 α，則有一個量表的總變異數的值和對「共同」變異比例的值，會是有用的。要如此做，共變數矩陣恰好是我們所需要的。

　　回想一下我們在第 2 章所使用的圖，表示問項如何和它們的潛在變項相關：

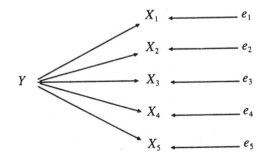

　　所有的來自潛在變項 Y 的問項變異，是分享或共同的（「聯帶」（joint）或「共有的」（communal）之詞也被

用來描述此變異）。當 Y 變化時（例如，不同的個體會呈現出不同程度的屬性），所有問項的分數將會隨之變化，因爲它是這些分數的來源。因此，如果 Y 很高時，所有的問項分數也將會傾向於較高；如果 Y 很低時，則問項分數也會比較低。這代表了問項將會連帶地變化（也就是彼此之間相互相關）。所以，潛在變項影響所有的問項，因而它們之間是相關的。相對地，誤差項是來自於每一問項所有的單一變異。在我們的古典測量假設下，所有的問項共有來自於 Y 的變異，而沒有任兩個問項共有任何來自相同誤差的變異。一個固定的誤差項的值只會影響一個問項的分數，因此，誤差項彼此之間是不相關的，所以每一問項（暗示著量表是由問項的總和來定義的）變化如同以下的函數：（a）它本身和其他問項共同的變異來源；和（b）單獨的，我們稱之爲誤差的單一變異。它跟隨著對每一變項的所有變異，因此對被視爲一整體的量表必須是來自共同和單獨變異的混合。根據信度的定義，α 應該等於共同來源的變異對所有變異的比率。

現在，以一個 k 個問項的測量稱之爲 Y，其共變數矩陣如下：

$$
\begin{bmatrix}
\sigma_1^2 & \sigma_{12} & \sigma_{13} & \cdots & \sigma_{1k} \\
\sigma_{12} & \sigma_2^2 & \sigma_{23} & \cdots & \sigma_{2k} \\
\sigma_{13} & \sigma_{23} & \sigma_3^2 & \cdots & \sigma_{3k} \\
\cdot & \cdot & \cdot & & \cdot \\
\cdot & \cdot & \cdot & & \cdot \\
\cdot & \cdot & \cdot & & \cdot \\
\sigma_{1k} & \sigma_{2k} & \sigma_{3k} & \cdots & \sigma_k^2
\end{bmatrix}
$$

此一 k 個問項量表的變異數 σ_y^2，等於矩陣中所有元素的總和。出現在矩陣中整個主對角線的是個別問項的變異數（第 i 個問項的變異數被記號為 σ_i^2）。所以，在沿主對角線元素的總和 $\sum \sigma_i^2$，是個別問項變異數的總和。因此，共變數矩陣讓我們立即獲得兩個值：（a）量表的總變異數 σ_y^2，被定義為矩陣中所有元素的總和；以及（b）個別問項的變異數的總和 $\sum \sigma_i^2$，由累加整個主對角線計算而得。我們能給這兩個值一個概念的解釋，根據定義，整個矩陣的總和是由個別問項所總成的量表 Y 的變異數。但是，就如同我們曾經說的，這總變異數能夠被劃分為不同的部分。

讓我們經由檢視在共變數矩陣中主對角線的元素和其他對角線之外元素的不同，思考共變數矩陣如何分隔為一變異數與共同變異。所有的變異數（對角線元素）都是單一變項或變項與其本身。我們注意到先前這些變異數能被認為是問項與其本身的共變數，每一個變異數都只包含了單一問項的有關資訊。換句話說，每一個變異數代表了對單一問項的唯一變異，而不是和其他問項間共同的聯帶變異。共變數矩陣中對角線之外的元素都包括一對對的變項，亦即兩個量表問項之間的共同或聯帶變異（共變數）。因此，在共變數矩陣中的元素（亦即 Y 的總變異數）由共變數（或「聯帶變異」如果您喜歡的話）加上「非聯帶變異」或唯一變異所組成。如同共變數——而且只有共變數——代表聯帶變異一樣，所有的唯一變異必須是代表共變數矩陣中主對角線的變異數 $\sum \sigma_i^2$。當然，總變異數是由所有矩陣元素的總和 σ_y^2 來表示。因此，我們能表示在 Y 中單獨或非

聯帶變異對總變異的比率為：

$$\sum \sigma_i^2 \bigg/ \sigma_y^2$$

　　這個之後，我們可以表示聯帶或共同的變異的比例為這個值的「餘數」，其顯示如下：

$$1 - \left(\sum \sigma_i^2 \bigg/ \sigma_y^2 \right)$$

　　因為所有的共同變異數有潛在變項作為它的共同來源，在給予我們對 α 的定義之後，這看起來似乎是我們所要的。但是，我們仍需要更多一個相關係數。在共變數矩陣中元素的總數為 k^2，在矩陣中不是共同的（在主對角線上的）元素的數目是 k，而共同的（所有不在對角線上的）數目為 k^2-k。在我們最後的公式中的分數，因此會有一個以 k 值為基礎的分子，和一個以 k^2 值為基礎的分母。為了調整計算以便於比率能傳達相對的量而不是分子和分母項目上的數目，我們將代表共同變異比例的整個式子乘以為了中和累加項目總數的差異的值。因此，我們乘上 k^2 /（k^2-k），或者同等的 k /（k-1），這作法將 α 可能的值的範圍限制在 0.0 和 1.0 之間。

　　因此我們獲得了以下的結果：

$$\alpha = \frac{k}{k-1}\left(1 - \frac{\sum \sigma_i^2}{\sigma_{yi}^2}\right)$$

　　總結來說，一個測量的信度等於來自同一潛在變項的問項間的總變異數的比例，因此為共同的變異。而 α 的公式藉著確指單一問項組的總變異的比例來傳達這個意思，將 1 減去這個比例以決定這個是共同變異的比例，最後再乘上修正因素，以就整個計算有關元素的數目而加以調整。

α 的替代公式

　　另一個計算 α 的常見公式是根據相關係數而不是變異數，事實上，它是用「平均問項間相關係數」（average inter-item correlation）的 $\bar{r}$，此公式為：

$$\alpha = \frac{k\bar{r}}{1+(k-1)\bar{r}}$$

　　這公式是和以共變數為本的 α 公式在邏輯上相似的，視概念形式的共變數公式為：

$$\alpha = \frac{k}{k-1}\left(1 - \frac{問項變異數的總和}{變異數和共變數的總和}\right)$$

值得注意的是在右邊的分數中的分子和分母是個別值的總和，但是，這些個別值的總和會等同於值的平均乘上所有包括在內值的數目（例如，總和為 50 的數目有 10 個，而 10 乘以這些數目的平均[假設為 5]，兩者都等於 50）。因此，在右邊的分數的分子必須等於 k 乘以問項變異數的平均（$\bar{v}$），而分子則必須等於 k 乘以平均變異數加上（k^2-k)〔或者是（k）（k-1）〕乘以平均共變數（$\bar{c}$）：

$$\alpha = \frac{k}{k-1}\left(1 - \frac{k\bar{v}}{k\bar{v}+(k)(k-1)\bar{c}}\right)$$

為了把 1 從等式中移走，我們能將它換成與它相等的 [k$\bar{v}$+（k）（k-1）$\bar{c}$] / [k$\bar{v}$ +（k）（k-1）$\bar{c}$] ，而這讓我們可以將整個右邊的式子合併成為一個單一比率：

$$\alpha = \frac{k}{k-1}\left(\frac{k\bar{v}+k(k-1)\bar{c}-k\bar{v}}{k\bar{v}+(k)(k-1)\bar{c}}\right)$$

或等同於：

$$\alpha = \frac{k}{k-1}\left(\frac{k(k-1)\bar{c}}{k[\bar{v}+(k-1)\bar{c}]}\right)$$

將左邊分子和右邊分母的 k 約分掉，同時將右邊分子和左邊分母的（k-1）也約分掉，那麼將會產生一個簡化的

式子為：

$$\alpha = \frac{k\bar{c}}{\bar{v} + (k-1)\bar{c}}$$

　　回想一下我們為求得包括相關係數而不是共變數的公式，因此是標準化而非未標準化的形式。標準化之後，一個共變數的平均是等同於一個相關係數的平均，而變異數會等於 1.0。因而，我們能將 $\bar{c}$ 換成平均問項間相關係數 $\bar{r}$ 和 1.0 的 $\bar{v}$。而這會成為：

$$\frac{k\bar{r}}{1 + (k-1)\bar{r}}$$

　　這個公式即是我們所熟知的 Spearman-Brown 公式（Crocker & Algina, 1986），而這個公式的一個重要用法將會在本章中討論折半信度（split-half reliability）的計算一節時會再詳細解釋。

信度和統計力

　　相對於比較沒有信度的測量，一些比較具可信度的量表有一個經常被忽略的優點，那就是這些量表對一既定的樣本大小（或一個較小的樣本數但會有相同的統計力）而言會增加其統計力（statistical power）。例如，為了能在兩

個實驗團體之間檢測出一既定大小的差異而有的特定的信心程度，研究者需要一個特別大小的樣本。能夠檢測出這樣的差異的機率（也就是統計檢定力）可能經由增加樣本大小而增大。在很多的應用裡，我們能夠經由改進測量的信度而獲得很多相同的效應，一個有信度的測量，就如同一個較大的樣本，對統計分析而言會有相對較少的誤差產生。研究者在估計增加量表信度對比於樣本大小的相對優點，當在研究情境中兩者選擇皆可能時，可以做得比較好。

從改進信度而獲得的統計力依賴一些因素，包括開始的樣本大小，為了檢測型 I 誤差（Type I error）而設定的機率水準（probability level），被認為會顯著的影響量（例如，平均差，mean difference），和來自於測量無信度而不是樣本異質性或其他來源的誤差變異所至的比例。精確的比較增強信度和增加樣本大小兩者，需要將這些因素詳加敘述，所以，以下的例子將解釋此論點。在一個假設的研究情境中，型 I 誤差的機率設在.01，兩個被認為是重要的平均數之間有 10 點的差異，而誤差變異數等於 100，樣本大小應該從 128 增加到 172（增加 34%）以提升一個 F 檢定（F-test）的檢定力從.80 到.90。不增加樣本大小而將總誤差從 100 降低至 75（減少 25%）基本上會有相同的結果。而用一個有很高可信度的量表來替換一個大致比較沒有信度的量表也可能有這個作用，舉另一個例子為證，對 N=50、信度為.38，而兩者之間有相關（r=.24）但無法達到 p<.10 的顯著水準的兩個量表而言，如果將它們的信度增加到.90 的話，會達到 p<.01 的顯著水準。如果信度維持在.38，則需要大於兩

倍大小的樣本以使相關達到 p<.01。Lipsey（1990）提出了
一個更廣泛對統計力，包括測量信度的效用的討論。

根據量表分數間相關的信度

　　除了內在一致性效度之外另有一些其他的方法，這些
形式的效度計算包括：讓相同的一組人完成一個量表的兩
種不同的版本，或在不同的時間完成相同的版本。

複本信度

　　如果一個量表有兩個完全平行版本存在，只要相同的
一組人完成了這兩份平行的版本，那麼兩者之間的相關便
能計算出來。例如，假定一個研究者一開始發展了兩組相
似的問項，來測量當和醫師互動時病患的控制欲望，然後
對一群病患施測這兩組的問項，而最後將其中一組問項的
分數和另一組問項的分數相關，而這相關就是複本信度
（alternate forms reliability）。回想一下兩個平行版本是由
問項所組成的，所有的問項（不管是在同一個版本中或是
不同的版本之間）在測量潛在變項都同樣的好。這意味著
此量表的兩種版本都有相同的 α、平均數和變異數，而且
它們測量相同的現象，在本質上，平行版本是由一組問項
所組成，而其被多多少少隨意地分為兩個次組，而形成兩

個平行、複製的量表版本。在這個條件之下，一種版本和另一種版本之間的相關，等同於任一種版本與其自身的相關，就如同每一個複製的版本和另一個版本是相等的一樣。

折半信度

複本信度的一個問題是：我們通常就只有一個量表而沒有兩種版本以完全符合平行檢測的假設，但是，仍有其他應用相同邏輯到一個單一組的問項的信度估計。因為複本形式基本上是由被分為二的單一群問項所組成的，我們能夠（a）取一組形成單一量表的問項（也就是一個沒有任何複本形式的量表）；（b）將此組問項分為兩個次組；和（c）計算兩個次組相關以評估信度。

這種形式的信度測量便稱為折半信度（split-half reliability），折半信度實際上是古典的而不是單一類型的計算方法，因為它有很多種不同的將量表折半為二的方法。一種方法是將前半部分的問項和後半部分的問項相比較，但是這種前半和後半的折半類型可能會產生問題，因為除了潛在變項的值之外，其他因素（換句話說，即誤差來源）也可能會不同地影響每一次組。例如，如果組成我們所討論之量表的問項，整個分布在一份很長的問卷，那麼受訪者可能在回答量表的後半部分時會比較疲倦，而疲倦將會一致地造成前半部分和後半部分兩者之間的差異，而且因此使得這兩部分顯得不太一樣。但是，這之間的差異不是問項本身特質不同，而是因在量表中問項順序的位置而來

的。其他可能區別先出現問項和後出現問項的因素包括：熟練效應（practice effect），當受訪者可能會隨著回答的問項較多而回答較好，或無法完成整組的問項，或可能是某些常見的在一份問卷從頭至尾印刷品質不同所造成的影響。和疲倦一樣，這些因素將會降低前後兩部分之間的相關，這是因為量表問項所呈現的順序，而不是因為量表問項的品質。如同這些因素的結果，測量問項間關係的強度，可能因非直接相關於問項品質的外在環境而變得複雜，結果導致於錯誤的信度評量。

　　為了避免一些和問項順序相關聯的陷阱，研究者可以估計折半信度的另一種類型，即奇偶信度（odd-even reliability），在這種情形下，奇數問項的次組和偶數問項的次組做比較，這可保證這兩次組問項中的每一組皆包含來自原始量表中每一部分中相同數目問項，假定問項順序是無關的（例如，和在成就測驗中常見的從簡單到困難的順序正好相反），這種方法避免了很多和前半部分相對於後半部分的折半相關聯的問題。

　　在理論上，有很多其他的方法以獲得折半信度，兩種和前面所討論的不同的方法為平衡折半（balanced halves）和隨機折半（random halves）。在平衡折半時，研究者可確認一些潛在的重要問項特質（例如第一人稱用字，問項長度，或是否一特定類型的回答指出問題屬性的有或無）。量表的兩半，即因之構成，而讓這些特質同等的出現在每一半部分。因此，調查者可以將問項區分，以使每一次組都有相同數目的問項的用字是以第一人稱，有相同數目的

短問項等等。但是，當考慮多重問項特質時，不太可能平衡一個特質的比例而不導致另一個特質的平衡成為不可能。例如，如果一量表中有比較多長的第一人稱問項而較少短的第一人稱問項，為造成後一種特質的平衡，必然會使得前一種特質不平衡。同樣地，要決定問項的那一種特質應該平衡，是非常困難的。

調查者只要隨機地分配一個問項到兩個次組中的一個便能獲得隨機的兩半部分，而最後將這兩個次組彼此相關以計算信度的估計，而如此做的成效如何要視問項的數目、所考慮的特質數目和特質間相互影響的程度而定。希冀用很少數目的問項，改變幾個相互關聯的面向，就可經由隨機分配而產生可比較的團體是不實際的。換句話說，隨機地根據兩個或三個不相關的特質，將五十個問項分到兩個類別中，即可能會產生合理的可比較的次問項組。

要用那一種方法以獲得折半信度，最好是根據特定的情況。最重要的是，調查者要考慮怎樣劃分量表會導致不相等的次組，而又該採取什麼步驟避免。在折半信度與複本信度兩者背後的理論基礎，都是由平行檢測模型自然衍生而來的。

雖然當我們開始討論模型之時，我們視每一問項為一個「檢測」（test），我們同時也能視符合模型的量表（或者是量表的兩半部分）為一個「檢測」，因此，我們能應用我們運用數個問項的例子到兩個複本形式或折為兩半的例子中。讓我們看一下在平行檢測假設之下，這兩個「檢測」（量表折半或複本形式）：

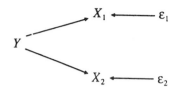

　　從潛在變項連結兩條因果路徑而形成的路線只有一條，因此，這些路徑值的乘積等於兩個檢測之間的相關係數。如果路徑值必須是相等的（而在這模型的假設之下，它們是相等的），所以兩個檢測之間的相關係數等於從潛在變項到每一檢測路徑值的平方，此路徑（假設是標準化的路徑係數）的平方也是任一個受潛在變項所影響的檢測的變異數的比例。而這便是信度的定義，因此，兩個檢測之間的相關係數等於每一檢測的信度。

　　當前段所討論的「檢測」是指在複本形式中一量表的兩個完整版本時，也是在折半形式中兩個各半部分的量表。因此，量表的兩半之間的相關係數成了對整組問項中之各半部分的信度估計，而這對整組問項的信度是過於低估的。根據一部分量表的信度所做的對整個量表信度的估計，能夠藉著本章前面所討論的 Spearman-Brown 公式而計算獲得。根據此公式，信度等於：

$$\frac{k\bar{r}}{1+(k-1)\bar{r}}$$

　　在這裡 k 是在問題中問項的數目，而 $\bar{r}$ 是任一問項和任

何其他問項之間相關係數的平均（也就是平均問項間相關係數）。如果你已經決定一次組問項的信度（例如用折半方法），而也知道信度是根據多少個問項而得的（例如，在整個量表中的半數問項），你便可以運用公式來計算$\bar{r}$。然後，將$\bar{r}$的值和整個量表的問項數目代回到公式中，結果所獲得的數值便是根據量表折半計算的信度值，對整個量表信度的估計值。如果你依照 Spearman-Brown 公式做一點點運算可將此公式簡化，而成為以下的形式：

$$\bar{r} = \left(r_{yy}\right)/\left[k - (k-1)r_{yy}\right]$$

而 r_{yy} 是在問題中問項組的信度，例如，如果你知道一半各有九個問項的折半信度等於.90，那麼你可以如下面的來計算$\bar{r}$：

$$\bar{r} = .9 / \left[9 - (8)(.9)\right] = .5$$

利用$\bar{r}=.5$ 和 k=18 在 Spearman-Brown 公式中，你因此可以再計算對整個十八個問項的量表的信度。因此，對整個量表信度的估計會是：

$$\frac{18 \times .5}{1 + (17 \times .5)}$$

這會等於 9 / 9.5 或是.947（要注意增加問項的數目已

經增加信度了，從 Spearman-Brown 公式應該很明顯的看到當其他條件都相等時，一份較長的量表將永遠比一份較短的量表要更可信）。

時段的穩定

另一種以兩個分數計算信度的方法，牽涉到某一測量在一個時段中的穩定性，或者是問題所獲得之分數從一時間維持至另一時間點的一致程度如何。「再測信度」（test-retest reliability）便是一種獲取此種信度的典型方法。假設不發展兩組問項來測量當和醫師互動時病患的控制意圖，我們假設的調查者只發展了一組問項，這些問項可以只給一個團體的病患，但在兩個不同的時間，而第一次施行所獲得的分數可以和第二次施行所獲得的分數計算相關。而此種形式信度的原理是：如果一個測量能真正的反應一些有意義的理論構念，這測量也應該能夠在不同的時間裡用以評量比較此理論構念。換句話說，當量表在不同施測中誤差元素不應維持一致的時候，潛在變項的真實分數在兩個（或更多）時間點的觀察分數上，應該運用相似的影響力。因而，一個量表對相同的個人從兩個不同的施測時間所獲得的分數的相關係數，應該代表潛在變項決定了觀察分數的範圍。這便等同於信度的定義為：對潛藏變項有影響的真實分數的變異數的比例。

此一推論的問題是，經過一段時間後，分數所產生的差異可能或不可能和測量過程的誤差傾向有關。Nunnally

（1978）指出問項的特質仍可它們產生暫時穩定的回答，即使有興趣的理論構念已經改變了。例如，如果一個目的為焦慮的測量受到社會贊許度的影響和受焦慮的影響是一樣的，雖然焦慮是不同的，但分數仍會保持一致。反應在不同施測時間的高相關程度的分數，其穩定性不見得是感興趣現象之結果的無變化。相對的，當在測量的時候，現象並沒有改變而分數卻有變化，也就是量表可能是不可信的。或是，分數所產生的變化可歸因於無信度，而事實上，現象本身已經改變了，而且測量也已正確地探出此改變。問題是，不論是有變化或沒有變化都可能導因於：測量之過程的有（無）信度之外不同的事情。Kelly 和 McGrath（1988）已經確認，當一個研究者檢視相同測量在不同的時間所獲得的兩組分數時，會有四個干擾的因素，這些因素是：（a）欲研究的理論構念的真正變化（例如，在一個別樣本中平均焦慮程度的淨增加）；（b）現象的系統性變動（例如，在一些固定的平均數中，焦慮的變化在一天中不同時間會不同）；（c）變動可歸因於受訪者或測量方法的差異而不是感興趣現象的變化（例如，導致問項被誤讀的疲倦效用）；和（d）導因於測量過程中無信度的時段上的不穩定。而這四個因素中只有（d）的因素是無信度的，這兩位作者同時指出雖然像多重特質——多重方法矩陣的途徑（將在下一章中討論）對這有幫助，但我們永遠不可能完全不被這些因素所影響。

　　這不是宣稱時段的穩定是不重要的，在任何有關數量的研究中，要假設（或聲稱）分別在不同時間的測量結果

是高度相關的，也許是危險的，但是，在這些情況下我們所尋求的穩定性是「測量」（measure）和「現象」（phenomenon）兩者同時的穩定。再測相關係數只當我們對現象是保持穩定的有高度信心時，才告訴我們關於測量的情況，而這樣的信心並不是經常能夠保證的。因此再測信度，雖然很重要，但最好是被認為透露有關現象本質的某些東西和其測量，而不是只有後者。視經過不同的時間而在分數上無變化為暫時的穩定（temporal stability）是較為可取的，因為如同再測信度一樣，時段的穩定並不建議測量誤差是任何我們能觀察到的不穩定的來源。

概推的理論

到目前為止我們對信度的討論，都集中在將可觀察到的變異區分為：可歸因於潛在變項的真實分數的部分和其餘的誤差部分，而在本節中將簡單地介紹一個更一般化的架構，以區分誤差和非誤差來源的變異。

在我們應用一個對測量更好的區分誤差變異的概念之前，讓我們看看更一般的檢視多重變異來源的研究例子，假設研究者想要決定增加專業產量的訓練方案的效果如何，更進一步假定此研究者分別對一大群大學教授的樣本和另一可比較的藝術家樣本實施此方案，研究者同時也確認一群無法參與訓練方案的教授和藝術家，但他們將做和

訓練方案的參與者一樣的產量評量。根據對研究的一些考慮之後，這個研究者歸納出，對產量的觀察反映出三個可認定的系統的變異來源：（a）參與者對非參與者；（b）教授對藝術家；和（c）這些效果的互動。對這個情境的一個合理的分析策略是，對產量的分數做一個變異數分析（ANOVA），視這每一個變異的來源為分析中的一個特定面向，研究者因此便可以決定每一個變異的來源對教授產量總變異的影響程度為何。在本質上，這個分析策略可在觀察的產量分數中區分總變異為幾個來源：訓練參與、專業、兩者的互動和誤差。誤差代表除了先前所敘述的因素之外所有變異的來源。

現在，再看一下另一個假設的情景，研究者發展了測量需求自主性的量表，這個測量將被用於研究老人，而這些老人中也許有些人有視力的問題；結果，研究者計畫對那些閱讀有困難的人，以口述問答施行此需求自主的測量，而其他的研究參與者則仍用填答的方式。

如果研究者忽略了施測方式的不同（填答對口述問答）也是測驗分數、變異的來源之一，他（她）將會視每一個所獲得的分數，都是來自受訪者對自主性需求的真實程度加上某種程度的誤差。研究者可進行如前面所討論的對信度的計算，但是值得注意的是，像這樣只計算量表分數的 α 係數而沒有考慮施測的方式，會無法將因為施測方法所導致的潛在系統性誤差從任何其他的誤差中區分出來。

但對研究者而言，透過變異數分析的途徑，而指點出施測方式是分數變異來源也是可能的。如果分析的結果是：

不同的施測方式之間的差異只佔分數總變異中微不足道的比例，那麼研究者對比較個人以填答方式或口述問答方式而完成的分數，應該會有較大的信心。另一方面，如果在分數的總觀察變異中有一大部分是來自於施測的方式，則研究者應知道，任何對分數的解釋應該把這方法間的差異考慮進去。

概推的理論（Cronbach, Gleser, Nanda & Rajaratnam, 1972）提出了一個架構，藉以檢視在什麼情況下，我們可以假設在跨越一個或更多面向上測量過程的等同性架構。在前面的例子中，問題中主要的研究面向是施測的方式。所研究的每一個面向都是產生變異的潛在來源，而一般稱之為「截面」（facet）。所舉的這個例子著重在施測的方式，視其為產生變異的唯一潛在來源（除了個人的變異之外），這是研究者想要概推的。所以，這個例子只包含單一截面。

在綜合理論的說法中，一個截面中的所有層次的觀察都是可獲得的（例如，量表用口述問答和填答兩種方式），而這構成了所有合乎條件的觀察，這些觀察的平均便是「普遍的分數」（universe score），並且和古典檢測理論的真實分數是類似的（Allen & Yen, 1979）。目的在於決定一個截面的各個不同層次中的分數可比較程度的研究，便稱為概推的研究，或稱 G-研究（G-study）。前面所假設的對意圖自主性的研究就是一個 G-研究的例子，因為這例子強調在施測方式截面中不同「層次」的效果。

G-研究的目的在於幫助調查者決定此截面會不會限制

概推的程度，如果一個截面（例如施測的方式）解釋了觀察值中顯著的變異量，那麼研究發現無法概推到那個截面的所有層次（例如，口述問答對填答施測），我們可以概推到一個截面的所有層面而沒有失誤地代表資料的程度，是以「概推係數」（generalizability coefficient）來表示的。概推係數是由從 G-研究的一部分中的 ANOVA 所獲得的結果中，其適當的平均方（mean square）所形成的一個比率而計算得到的，在概念上來說，概推係數是普遍分數的變異數對觀察分數的變異數的比率，而這和信度係數是類似的（Allen & Yen, 1979）。但是，值得注意的是，如果 G-研究結果產生了不好的概推係數，則研究設計指示問題的一個來源——也就是檢視的截面。信度係數僅僅確認了誤差的數量而沒有將之歸因於那一個特別的來源。

在某些情況中，選擇適當的 ANOVA 設計，決定和所研究的截面相似的效果，和建構正確的概推係數可能是過於奢求的。因為就如同一般的變異數分析一樣，多重面向、巢狀、跨變項和混合的效果，能使 G-研究複雜化（請參考 Myers（1979）以獲得有關 ANOVA 設計的一般討論）。一般建議設法保持 G-研究在設計上盡量簡單，同時在參考對一個 G-研究如何建立適當的 ANOVA 模型有詳細解釋的來源時，也當謹慎。Crocker 和 Algina（1986）描述了數個不同的單一截面或雙重截面的概推研究的適當設計，這個參考來源同時也對概推理論提供了一個很好的概論。

總結

在量表是由享有共同潛在變項的可靠問項所組成的情況下，量表是可信的。係數 α 相當近似於古典的信度定義，即可歸因於潛在變項的真實分數的一個量表中變異的比例。在特殊的情況下，不同的計算信度的方法也有不同的用途，例如，如果一個研究者沒有評量一個量表的平行版本，那麼計算複本信度是不可能的。了解計算信度各種不同方法的優、缺點的研究者，當在設計測量研究或評估出版的報告時，可以站在比較有利的位置來做較適當的判斷。

練習 [2]

- 如果一組問項有很好的內在一致性，那這意味著有關這組問項對其潛在變項的關係爲何？
- 在這個練習中[3]，假設以下是一個由三個問項 X_1、X_2 和 X_3 所組成的量表 Y 的共變數矩陣：

$$\begin{bmatrix} 1.2 & .5 & .4 \\ .5 & 1.0 & .6 \\ .4 & .6 & 1.8 \end{bmatrix}$$

A. X_1、X_2 和 X_3 的變異數各是多少？

B. Y 的變異數是多少？

C. 量表 Y 的 α 係數是多少？

- 討論再測信度在那些方面干擾其他因素和真正的量表特性。

- 複本信度的邏輯是如何隨著平行檢測的假設而來的？

附註

---

[1] 對加重比例的問項而言，共變數是乘上乘積，而變異數是乘上和其相似問項比重的平方。（需要更完整的敘述請看 Nunnally, 1978, p.154-156）。

[2] 在整本書中，任何練習中有數目答案的解答將會在附註中提供。

[3] 解答為：（a）1.2、1.0 和 1.8（總和為 4.0）；（b）7.0（為矩陣中所有元素的總和）；（c）(3 / 2)×[1 - (4 / 7)] = 0.64。

4

效度

「信度」所關心的是一個變項影響一組問項的程度有多少，而「效度」所關心的則是此變項是否為問項共變的基礎原因。在量表達到可信的程度下，量表分數的變異能夠被歸因為對所有問項都是影響源的某些現象的真實分數。但是，決定一個量表是可信的，事實上，並不保證問項所分享的潛在變項是量表發展者所感興趣而想要研究的變項。一個量表作為測量「特殊變項」（specific variable）（例如，知覺到的心理壓力）的適當性是效度的一個重要議題。

效度是由量表建構時的方法以及它預測特殊事件的能力，或是它與其他理論構念測量的關係推論而來的。和這些操作相符合的，基本上有三種類型的效度：

1. 內容效度（content validity）

2. 效標關聯效度（criterion-related validity）
3. 建構效度（construct validity）

　　每一種類型的效度在本章中都將會簡單的討論到，如果需要更多更詳細有關的效度處理，包括方法學上和效標關聯信度與複本信度指標的統計議題的討論，請看 Ghiselli 等人著作（1981）的第 10 章。

內容效度

　　內容效度關心的是問項抽樣的適當性——也就是：一個特殊問項組所反應內容範圍的程度，當範圍（例如，所有教給國小六年級學生的字彙）被定義的很好時，也就很容易評估內容效度了。當測量屬性，如信仰、態度或意向時，對這個議題來說是更敏感的，因為要決定到底潛在的問項的界限和一群樣本問項所代表的是什麼，是非常困難的。理論上來說，當一個量表的問項是由全體適當的問項中隨機選取而來時，此量表是有內容效度的。在前面所提的字彙測驗的例子中，這是很容易達到的，所有在學年中所教的字都應定義爲全體的問項，而一些次組便可以經抽樣獲得。但是，在測量信仰的例子中，我們無法有一個列舉所有相關問項的合適清單，儘管如此，發展量表的方法（例如，如同在第 5 章所建議的讓專家對問項所測量的相

關範圍做一檢視)能幫助我們擴大問項的適用性。例如,
如果一個研究者需要發展一個量表將預期的結果對比於欲
求的結果(例如,期望相對於欲求醫師將病患帶入決策中),
那也許需要確定容納了所有代表問項的相關結果。要如此
做,研究者應該請熟悉此研究內容的同事檢視其問項的清
單,並且建議一些應該包括進去但已被去除的內容領域,
而反應這內容的問項則可以加進去。

效標關聯效度

　　爲建立名符其實如同其名的效標關聯效度,只要讓某
一問項或量表與某些標準或所謂的黃金標準具有某種實證
的關聯即可,而此關聯是否有理論的基礎和效標關聯效度
是無關的。例如,如果我們可以顯示探尋水源和找出地下
水源的位置有實證的關聯,那麼探尋水源就有效地關聯於
成功的挖掘這一標準。這個效標關聯效度本質上是一個比
較實用性而非科學的議題,因爲它焦點不在於了解過程而
是在於預測,事實上,效標關聯信度通常也稱爲「預測效
度」(predictive validity)。
　　不管是任何名稱的效標關聯效度都不必然意指變項之
間有因果關係,即使當預測者和效標之間的時間順序是很
清楚的。當然,對理論的預測(例如,作爲假設的預測)
也許和變項之間的因果關係有相關,而且可以提供一個非

常有用的科學目的。

　　另一點和效標關聯效度有關而值得注意的是：在邏輯上不論其標準是在問題的測量之前、之後或同時，研究者都是處理相同類型的效度議題。因此，除了「預測效度」之外，「同時效度」（concurrent validity）（例如，在駕駛測驗中，從回答口試問題以「預測」駕駛技術）或「後測效度」（postdictive validity）（例如，從一個嬰兒發展狀況量表來「預測」出生時的體重）也或多或少和效標關聯效度具相同的意義，效標關聯效度最重要的一面不是問題當中測量和標準之間的時間關係，而是兩者之間實證關係的強度。效標關聯效度一詞比起其他幾個名詞有著與時間無關的優點，所以是較為可取的。

效標關聯效度相對於正確性

　　在離開效標關聯效度之前，因關注它和正確性之間的關係，有一些話需要提一下。就如同 Ghiselli 等人（1981）所指出的一樣，傳統上作為效標關聯效度的指標之相關係數，當「預測的正確性」是關注的議題，也許不是非常有用的。例如，一個相關係數並沒有透露有多少個案是正確地由一個預測者所劃分（雖然在 Ghiselli 等人的書中（p.311）提供了表格，顯示會落入不同百分比類別中個案比例的估計值，此一估計值是根據預測者和效標間的相關大小而得的）。也許在某些狀況下，將預測者和效標兩者區分為不連續類別，並根據其預測類別而評定「擊中比率」，再將

案例歸入正確的效標類別，是比較適當的。例如，一個研究者可將每一個變項類分為「低」與「高」的類別，將正確性概念化為正確歸類的比例（也就是當預測值符合效標值的情形）。

　　同時，非常重要而必須謹記在心的是，縱使預測測量和效標之間是完全相關的，此預測者所獲得之「分數」也不是效標的一個「估計」。相關係數對一個或兩個變項的線性轉換是不敏感的，將預測者的測量單位轉換為效標的測量單位為求獲得一個正確的數值預測，也許是必須的。這種調整等同於決定一迴歸線除了斜率之外，尚有適當的截距。無法認知到需要將分數轉換，可能會導致錯誤的結論，這種錯誤也許最可能發生在如果預測者恰好被測出和效標落在相同的距離範圍中。例如，假定某人發明以下的「超速罰單量表」以預測駕駛者在五年的時間內會收到多少張罰單：

1.　當我開車時我會超速。
　　經常：有時候：很少：從來不會
2.　在多線道的路上，我會超車。
　　經常：有時候：很少：從來不會
3.　我自己會判斷開車速度多快是適當的。
　　經常：有時候：很少：從來不會

　　讓我做一個不是很真實的假設，假設這量表和駕駛者在五年的時間中所收到罰單的數目完全相關，則此量表的

分數是由給予每一個問項特定的值，當受訪者圈選「經常」時其值為 3、「有時候」時其值為 2、「很少」時其值為 1、「從來不會」時其值為 0。然後將問項分數全部總加起來以獲得一個量表分數，此分數的完全效標信度不是意味著可以將分數 9 轉換為五年中收到九張罰單。一些經驗地決定轉換（例如，.33×SCORE）會產生真正的估計，這種特別的轉換預測一個駕駛獲得分數 9 時會收到三張罰單。如果效標關聯信度很高的話，則可計算更正確的估計。但是，在適當的轉換之前，效標數值和預測測量數值之間的相似性，是和效度的程度無關的。

建構效度

建構效度（Cronbach & Meehl, 1955）直接關注一個變項（例如某些量表的分數）對其他變項的理論關係，亦即在什麼的程度下，測量是依照理論構念想要測量「行為」的方式和其他理論構念已建立的測量相一致，所以，例如，如果根據理論我們視某些變項與構念 A 和 B 正相關、而與 C 和 D 負相關、且與 X 和 Y 不相關，那麼想要測量那個構念的量表應該與那些理論構念的測量，負有相同的關係以測量這些理論構念。換句話說，我們的測量應該與構念 A 和 B 的測量有正相關、與 C 和 D 的測量有負相關、並且與 X 和 Y 的測量無關，這些假設關係的描述應該看起來像圖

4.1 一樣：

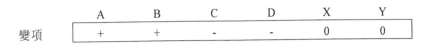

圖 4.1　變項間假設之關係

　　經驗關係符合預測類型的程度，提供了一些證據，顯示所做的測量是否就是所要的測量變項。

區分建構效度與效標關聯效度

　　一般人們對建構效度與效標關聯效度時，很容易將兩者混淆，因為兩者都可由相同的相關係數獲得，所以它們之間的差異便不在於所獲得的值之上，而是在研究者的意圖了。例如，流行病學者可能嘗試要在包含數個不同測量的調查研究中，決定那一個和健康狀況有相關，而研究者可能僅僅想要確認重要的因素，而不在意其他和健康狀況相關聯的重要因果機制。在這個案例中，效度是此量表能夠預測健康狀況的程度，相對地，有些研究者的意圖可能就比較理論取向和傾向解釋性。像本書第 1 章中所提的流行病學的研究者，他可能會贊成一個視壓力為影響健康狀況的理論模型，而此時論點便在於：一個新近發展的量表能測量壓力的能力為何。這可經由評量量表的「操作」和理論所建議的壓力的運作之間的相關來評估，如果理論建議壓力和健康狀況應該有相關，那麼在前面的例子中，用

以作為預測效度的證據的相同經驗關係，便可用來作為建構效度的證據。

　　一般所稱的已知團體效標建立（known-groups validation）則是另一個根據研究者的目的，能被歸類為建構效度或是效標關聯效度的例子，已知團體效標建立一般包括證明：根據量表分數，一些量表可以區分不同團體的成員。其目的可能是有關理論的（例如經由正確地區分那些有或沒有和某一特定團體的成員來往的人，以確認對一特定團體之態度的測量是有效的）或是完全預測性的（例如一個人用一連串看起來不相關的問項來預測工作流動）。在第一個例子中，那個步驟可以被視為建構效度的一種，而在第二個例子中則為效標關聯效度。

要有多強的相關程度才能稱為有建構效度

　　並沒有明確的分界點來界定建構效度，重要的是要確認兩個測量可能共有的，會多過構念之相似性。特別值得一提的是，構念測量方式的相似性對某些分數上共變的解釋是超出構念相似性的。例如，其他條件相等時，兩個變項在一多重分數系統中（從 1 到 100）彼此之間有較高的相關，而其與二元變項則相關低得多了。這是導因於測量方法的結構，因此，因為步驟的相似性，經由訪問法所蒐集到的資料，會和另一以相同方法蒐集來的資料有某種程度的相關，也就是說，兩個變項之間的共變可能是因為測量方法相似，而不是構念相似性的原因。這個事實提供了回

答有關要推論建構效度所必須的相關問題的一些基礎，至少變項應該說明能被歸爲共享方法變異之上和之外的共變。

多重特質多重方法矩陣

Campbell 和 Fiske（1959）提出了稱爲多重特質多重方法矩陣（multitrait-multimethod matrix）的步驟，這步驟在檢視構念信度時是非常有用的。它包含了用多種方法來測量多個理論構念，因此我們可以得到一個「完全交叉」的「方法對測量」的矩陣。例如，假設研究的設計是將焦慮和憂鬱和鞋子大小分別在兩個不同的時間，每次都用兩種不同的測量步驟（要注意的是，可能在同一個時間測試兩個不同的樣本，對此研究方式的邏輯，會有什麼效果）。每一個理論構念可經由兩種方法來評量，一種是目測量表（受訪者根據其所認爲他們的焦慮、憂鬱或腳的大小，而在一條線上做記號）和另一種是由訪員在和每一受訪者做了十五分鐘的互動之後所做的估計。研究者因而可建構一個如下表 4.1 由不同測量所獲得的相關矩陣：

表 4.1　多重特質多重方法矩陣

第二次	第一次					
	A_v	A_i	D_v	D_i	S_v	S_i
A_v	*	+	#		#	
A_i	+	*		#		#
D_v	#		*	+	#	
D_i		#	+	*		#
S_v	#		#		*	+
S_i		#		#	+	*

「＊」=相同的特質與方法（信度）

「＋」=相同的特質，不同的方法

「＃」=相同的方法，不同的特質

註：A、D 和 S 分別爲焦慮、憂鬱和鞋子大小。下標的 v 和 i 則分別爲視覺類比法和訪談法。

　　另一不在表中可能的區別，是在相關與不相關特質之間。

　　因爲相同的特質（構念）和相同的方法應同時享有方法和構念的變異，所以研究者可以預期相關應該會很高；有相同的特質但是用不同方法測量者可期望其相關應爲次高。如果眞是如此，這是建議構念共變比方法共變要來得高，換句話說，我們的測量受到所測量爲何比如何被測量的影響要大。相對的，當用不同的步驟測量時，任何共變會存在於鞋子大小和其他兩個構念之間，是沒有理由的。因此，這些相關係數就不應該與零有顯著的差異。對那些尚未確認但在理論上相關的構念而言，我們可以預期憂鬱

和焦慮之間有一些構念共變。這對建立建構效度來說，此相關是必須的，例如，如果已經存在了兩個很好的憂鬱測量，但焦慮測量則目前仍在發展中，那麼我們可以評量一下在相似和不同測量步驟的條件下，可歸因於概念相似性的共變量為何。理論上，即使用不同的測量方法，焦慮和憂鬱應該相關，如果是這樣的話，這可作為我們新的焦慮測量具建構效度的證據。更進一步來說，這些相關應是指輻合效度（convergent validity），是在理論上相關構念的測量之間相似性的證據。理想上，焦慮和憂鬱之間的相關，應該比兩個憂鬱測量之間或兩個焦慮測量之間的相關要來得小，但比任何一個憂鬱分數和鞋子大小之間的相關要來得大。同等重要的是，焦慮測量和鞋子大小的測量之間無顯著相關，不管測量技術是相不相同。在沒有關係的構念測量之間是無相關的，這就是區別效度（discriminant validity），有些時候稱為分歧效度（divergent validity）的證據。當以相同的方法測量時，鞋子大小和焦慮有顯著相關，則建議不同構念用相同的測量所關聯的變異（和共變異），方法本身即解釋了相當的數量。

依 Mitchell（1979）的觀察，那些涉及多重特質多重方法矩陣而蒐集資料的方法，組成了兩個截面的 G-研究（請看第 3 章），而這些特質和方法都是截面。多重特質多重方法矩陣讓我們可以將共變細分為因「方法」和「特質」（或「構念」）來的。我們因此能提出更精確的有關建構效度的敘述，因為這允許我們區分真正反映構念相似性的共變（因此是相關於建構效度）和應用類似測量步驟而來

的共變（因而和建構效度是不相關的）。當一個研究者只簡單地檢視兩個測量之間的單一相關，要進行這樣的區分是不太可能的。

練習

- 請舉一個例子說明一個量表和一個行為之間的同一相關，有可能指的是建構效度或效標關聯效度。請解釋（a）計算相關係數背後的動機；和（b）對該相關係數的解釋，會因為研究者試圖要檢視的效度類別不同而有所變異。
- 假定有一個研究者以紙與筆填答來測量兩個構念：自尊（self-esteem）和社會服從性（social conformity）。此研究者同時也有以訪談方式所獲得的這兩個構念的資料。如何將這些資料用於多重特質多重方法矩陣，以決定資料蒐集的方法對結果不適宜，但卻非常強烈的影響？

5

發展量表的指導原則

　　本書至此為止所討論的都還相當理論，現在讓我們來看看這些理論的知識如何適切應用。本章將提供一組具體的指導原則，供研究者能夠據以發展合適的測量量表。

步驟 1：清楚地界定什麼是你所想要測量的

　　這看起來似乎顯而易懂但卻又令人困惑，很多的研究者自認他們已有一個非常清楚的概念來衡量所想測量的事物，然而卻往往發現，他們原有的觀念比當初所想像的要來得更模糊。這樣的警覺，經常出現在研究者已投注極為可觀的心血在擬定問項與蒐集資料之後——往往是在若要加以修訂，將花費比剛開始就發覺時更大的成本的時候。

量表是不是應該完全依據理論？應不應該要引進新的思辯方向？測量到底應該具體到什麼地步？是不是應該特別強調某一個現象，而忽略別的現象？凡此，都令研究者難以拿捏。

理論作為澄清概念的輔助

如同第 1 章已經點明的，要清楚的構想量表的內容，必須先能夠清晰的構思想要測量的構念。雖然在發展與確定量表的過程中，包含許多技術層面的考量，但是研究者不應忽略量表必須植基於實質理論的重要性。因為理論與所欲測量現象之間應該是息息相關的。

本書所著重的量表型式，是那些試圖去測量難以捉摸的現象，而這些現象是無法直接加以觀察的。因為事實上並不存有可觸知的評比標準，用來比較那一個型式的量表具有較理想的表現，因此有一些清楚的觀念作為指導原則，乃變得至為緊要。所欲測量之現象的界線必須能被加以「認識」，如此一來，量表的內容才不會不知不覺地被導入錯誤的定義領域之中。

理論對於澄清概念是一大助力。在正式發展量表之前，應該要能加以考慮引用相關的社會科學理論。如果事實證明，現存的理論無法替量表發展者提供一個正確的方向，那麼這些量表發展者便需搜尋其他可能的新的知識指引。然而，這樣的選擇必須是於理有據的，應該在試遍所有可能與測量相關的適切理論指引之後，才做這樣的決定。即

使研究者發現找不到可行的理論依據，作為發展量表的指引，也必須在嘗試操作化之前，先詳細闡明自己的概念型式。亦即，研究者必須詳加敘述至少一種試驗性質的理論模型，並以此模型作為發展量表的依據。這就如同研究者必須對想要測量的現象給予良好陳述的定義一般。這樣的說明最好涵括這個新建立好的架構與既存現象以及它們的操作定義。

具體化可以幫助概念的澄清

測量一個構念時，該具體化或是概化到什麼程度，也是一個非常重要的議題。在社會科學的領域裡，一般的共識是：當變項與具體明確程度之間最趨近吻合時，變項之間彼此會有最強的相關（詳細的討論，請參考 Ajzen & Fishbein, 1980）。量表有時候是用來測量一項非常明確的行為或構念，但有時候是用來測量較為總括或一般性的事物或現象。

以下，試舉控制場域（locus of control, LOC）這個構念，來說明不同具體化程度所產生的不同的測量方式。控制場域是被一個廣泛使用的概念。它所指涉的是：一個人對於某人或某事對其個人生活事項產生重大影響的主觀認知。這個構念，廣義上可以作為解釋許多情境之下，總體行為模式的工具；狹義上，可以預測個體在特定情境下會有什麼反應。而不論廣義或是狹義，使用這個構念也可以描述這些影響的來源。Rotter（1966）的內外量表

（Internal-External Scale, I-E Scale），便是一個最好的例子。從「個人控制」到「外部因素控制」的單向度測量，構成了這個量表。量表中的問項著重的是概化性的測量結果，例如「個人的成功」等等。對於「外部控制」也是以概化性的問項來作為描述。以下是有關「外部」的陳述，取材自 Rotter 的 I-E 量表:「世界是被少數掌握權力之人所操弄，面對此情境一般芸芸眾生是無能為力的。」Levenson（1973）發展出一個多面向的 LOC 量表。這個量表可用來測量三個面向的控制場域：自我、具權力的他人以及機會或命運。這個量表讓受訪者將事件的發生歸為有權力的他人或者歸於命運。由此研究者可以更具體明確地看出外部控制的來源。然而，Levenson 關注的測量結果，卻仍保持在相當概化的指涉上。例如在 Levenson 有權力他人次量表（powerful others subscale）中，有一個問項是：「我感覺到發生在我生活中的所有事物，都是被有權力的他人所決定的。」Wallston 等人（1978）發展出「多面向健康控制場域」（Multidimensional Health Locus of Control, MHLC）量表，使用 Levenson 的三個控制場域面向，將測量的事項導入「健康」這個概念上，例如，避免疾厄或生病。多面向健康控制場域量表的「有權力他人」次量表中的一個例題是：「對我而言，與我的家庭醫生保持經常性的接觸，是避免生病的最佳策略。」最近 Wallston 發展出健康控制場域中「特定後果」的測量，其中包括一系列的「樣版」問項。這個測量允許研究者替換病名或病變，取代這些樣版問項中「我的狀況」這個語詞，如此可以具體化研究者所感興趣的健

康問題。例如，在多面向健康控制場域量表格式 C 中「有權力他人」次量表中，有一個問項為：「如果我常去見我的醫生，那麼，我比較不會因為糖尿病而有許多困擾。」這個問項即可以用做糖尿病的研究。

上述各個逐步發展的具體化控制場域量表都是有用的。其用處端視研究者提問的科學問題與研究結果的概化層次之間的關係而定。例如，研究者想要選取一個控制場域量表，用來預測一般的行為類別，或是希望在一般的狀況下與其他也是測量同一個構念的變項比較，那麼前述 Rotter 的量表是最佳選擇，因為 Rotter 量表所測量的就是一般的狀況。反過來說，如果研究者感興趣的是：想要探究認同「有權力他人的影響力」如何影響到自身的健康或衛生行為，這是更具體的情況，所以新近發展的新 Wallston 量表會更適合。因為新 Wallston 量表中具體化的程度與研究問題的概化層次相當貼切。各個量表在發展期間，事實上都有一個清楚的指涉架構。考量量表主要的測量功能，這個架構便決定了量表要具體到什麼程度才算適當。在此要提醒讀者一點：有心發展量表的研究者，必須在確定問項之前，先決定量表所要測量的事項為何；而不是只是輕率隨便地草擬一些問項，在施測後，再來看這些問項究竟測到什麼東西。

以上所列控制場域的例子，說明了如何具體化「結果」（例如：世界是如何運作的或糖尿病的問題）與「控制場域」（例如：泛指一般外在因素或是有較清楚的區分，如：「命運」與「有權力他人」之間的對比）。然而，量表的

具體化程度可能隨著測量面向的不同而有所變化。其中包括內容範圍（例如：焦慮或是心理調適）、場合（例如：問卷設計本身是否具體反映了特殊工作環境）及母體（例如：兒童或成人，或是軍人與大學生）等等。

清晰地知道什麼應該被包括在測量之中

有志發展量表的研究者必須隨時反問自己：所要測量的構念，是否能與其他概念明確地被區分出來？如同稍前指出的：量表可以依據它所要指涉或測量的情境，發展出一般性或是較具體化的測量。而研究者所要測量的構念也是如此。例如：測量一般的焦慮症狀，絕對是需要的。但是這樣的測量測到的可能只是「考試焦慮」或是「社會焦慮」。只要這個測量符合原先量表製作者或量表使用者的目的，便可以接受。然而，如果研究者只對其中一項感到興趣（例如：只對考試焦慮有興趣），那麼量表本身便必須排除所有其他可能測量到的焦慮類屬。那些可能與其他概念交疊的問項（例如：當原先的研究課題只針對考試焦慮時摻雜社會焦慮），預期將會引起很多問題。

從另一個角度而言，有時一些明顯相似的問項，可能意指到非常不同的構念。在這個情況下，原先量表的目的可能只是要測量某一現象，但最後卻可能同時牽扯進其他的現象。例如：非常著名的測量憂鬱症狀的量表，如 CES-D（Center for Epidemiological Studies Depression）量表（Radloff, 1977），其中就包括一些專門用來偵測憂鬱面向

之一——心身症的問項（主要是測量受試者的忍受能力）。
這些問項有可能錯將生理的疾病症狀誤認為憂鬱的徵兆，
尤其在詢問某些關於健康狀況的疾病之下，例如關節炎等
（見 Blalock、DeVellis、Brown 和 Wallston，1989 年的討
論）。研究者若想發展自己的憂鬱量表，如果這個新量表
是用來測量某一特定的母體（例如：長期慢性病人）或測
量心身症這個概念的其他面向時（例如：妄想症），就應
該考慮捨棄這些模糊的測量心身症的問項。當然，如果是
為了其他目的，則也許須將測量心身症狀的問項也一併包
含進來。例如：當研究議題相當具體地考量到心身症狀的
負面影響時，這些問項便須納入其中。

步驟 2：建立題庫

　　一旦清楚地形成新量表的目的之後，研究者（或量表
發展者）已經準備好，可以開始認真地建構其測量工具了。
第一步要先建構一個夠大的題庫，以備後續可以用來建立
一個正式量表。

選擇能夠反映量表的問項

　　顯而易見地，必須在考量具體測量目標之下選用或創
造量表的問項。這個量表企圖測量何物的確切說明，在整

個量表的發展過程中，應該被奉為圭臬。必須記住的一點是：所有構成同一量表的問題，必須能夠反映形成這個量表的潛在變項。每一個問項本身可以被視為是測定此潛在變項強度的試驗。因此，每一問項的實質內容應該簡潔地反映出所想要測定的構念。多個問項將會比單一問項建構出更可靠的測驗來，但每一問項仍應該高度敏感地迫近潛在變項的真正分數。

從理論上來說，一組好的問項應從與所要測量之構念密切相關的題庫中，以隨機方式抽取出來。這個足具普遍性的題庫，理論上應是無限大的。因此，它已預先排除任何實際上是相關的問項或是從中隨機抽取問項的可能性。但無論如何，研究者應謹記這個原則在心。如果研究者自己重新起造問項（事實上一般都是如此），則應該有創意地考量他（她）所想要測量的構念，是否有其他造詞用字可以較契合此構念？雖然問項不應冒著脫離所定義構念範疇的風險，但研究者應盡可能在此定義下，探究所有可行的問項型式。量表的屬性是由構成這個量表的問項所決定。如果這些問項僅僅貧乏地反映研究者花費許多時間與精神型塑的概念，那麼這個量表，可以想見，將無法確切地抓住所欲測量構念的精髓。

另外也很重要的一點：這些問項共同擁有的是研究者所要抓住的構念，而不僅是一個類別而已。再次應謹記在心的是：量表發展的模式是將問項視為一個潛在變項的「公然表象」。這些連結到一個共同潛在變項問項的分數，是藉由這個構念的真實分數而決定。然而，如同在第 1 章所

說明的：只因為問項與某一共同類屬相關，並不必然保證這些問項共同指涉同一個潛在變項。像態度、順從或生活事件等等這類語詞，通常用來定義構念的類屬，而不是用來定義構念本身。所以作為單一向度量表最終基礎的題庫，不應該只專注在態度的某一個面向上；以態度為例，這個題庫應該分享更具體的態度概念，例如「對懲罰藥物濫用者的態度」。換言之，研究者能夠先預想或預見受試者的特質、或一個潛在變項，它們會導引受試者去回答這些與處罰藥物濫用者相關的問項。可以想見的是：去想像一個「特性」，使得這個特性可以解釋一般的態度，是一個高難度的挑戰。同樣的狀況也適用於以上所舉的其他例子。上舉的順從障礙即為典型的多面向構念。這個構念中的每一面向（例如：害怕洩漏症狀、治療成本的考量、可預期的痛苦、治療設施的距離以及對不受傷害的認知）都可以代表一個潛在變項。而各個潛在變項之間，甚至有著不可忽視的相關存在。然而，每一個障礙卻又是各自分離的構念。亦即，「障礙」（barriers）這個語詞描述的是一個構念的種類，而不是與某一潛在變項相關的單一構念。因此，測量屬於同一類別卻不同構念的問項時（例如：不受傷害的認知與治療成本的考量），我們不應該期望它們之間的共變關係，如同反映同一潛在變項的問項間的共變關係。

多餘、重複（redundancy）

量表發展到目前這個地步，在其他情況不變下，問項

最好呈現過度飽和的狀態。發展量表時，問項的重複或累贅並不是壞事。事實上，指導研究者進行量表發展的理論模型，就是立基於重複或多餘的基礎之上。在第 3 章討論 Spearman-Brown 的預言公式時，筆者指出，在其他情況不變的狀況下，信度的高低乃是問項數目的函數。我們試圖以發展一組問項的方式來抓住我們感到興趣的現象。而這一些問項可能會以不同的切入點來「揭發」現象。使用多個看似重複的問項，使研究者得以將這些內容近似的問項加總起來。如此，將使問項間相容或相關的部分，因加總而被加權強化；而各問項間不相干的特異部分，則因此互相抵銷掉。如果沒有「重複或多餘」的問項，以上的效果將無由顯現。有用的重複問項是附屬於該構念的，而不只是問項間的偶然現象。問項中，即使只是些微地將一些字眼如「一個」改成「這個」，都將能幫助研究者創造出重複性來。另外，改變句子的文法結構或選用一些同義但不同用法的字眼，同樣也具有重複的效果，這些能幫助研究者操弄量表中的問項，使它們看起來似乎有所不同，但卻測量同一個潛在變項。再者，兩個問項如：（1）我會竭盡所能，以確保我的孩子能出人頭地；及（2）為幫助我的孩子成功立名，任何的犧牲都是值得的，也都是屬於有用的重複性問項，因為它們以稍有不同的語句，表達一個相似的觀念。

即使是在最後完成的正式量表中，重複的問項仍屬必需。量表題庫對重複或多餘問項的容忍度，應該高於最後完成的量表。例如：假設某個問項「我的看法是：會疼惜

寵物的人，比較仁慈」，已經被列入正式問項中，則若再放入「根據我的估計，喜愛寵物的人，比較仁慈」這樣的重複問項，對量表而言，幫助可能不大，也沒什麼好處。雖然這兩個問項都能清楚地說明寵物愛好者類似的心境，而且這兩個問項擁有共同的文法結構，並且使用近似等同的文字。然而，問項如「我認為那些喜愛寵物的人都是好人」可能更會是一個好的重複性問項，雖然它與第一個問項的實質內容重複，但比較不會像第二個問項般的瑣碎重複。但是，在量表發展的早期階段，即使是像第一及第二這兩個幾乎完全重複的問項，都是可以接受的，只要在最後完成的正式量表中，只有其中一項出現。即使二者是如此的相似，考慮這兩個問項，仍然可以給予量表發展者一個機會，去比較兩者，並表示研究者的偏好（例如，「個人的意見」比起「根據估計」，較不那麼矯飾）。如果一開始便排除一個問項，只有二問項之一受到考慮的話，就會喪失這樣的選擇機會了。

問項的數目多寡

在建構題庫之初，若即要敘述需多少個問項才能算足夠，是不大可能的。只能說問項數必須比最後形成的正式量表中的問項還多得多就是了。記住：「內在一致性效度」乃是這些問項兩兩之間關係強度的函數（也可說是問項與潛在變項間的關係強度），這個函數依量表的問項多寡而定。在發展量表的初始階段，問項之間的相關程度，一般

都還是未知數，因此盡量涵蓋多一些問項是預防缺乏內在一致性的保險作法。題庫中的問項越多，研究者將越有機會選到他（她）想用來測量潛在變項的理想問項。通常在題庫裡保有三至四倍多於最後正式量表的問項，是常見的事。換言之，一個有十個問項的量表，很可能就是從一個有四十個問項的題庫中發展出來。但是，某些特定內容範圍之下的問項很不容易被發展出來，或是過去的經驗資料顯示：這類構念並不需要過多的問項即可獲得良好的內在一致性，則量表發展之初的題庫，大約只需比最後正式的量表多 50%即可。

大體而言，題庫越大越有利於研究者。但是，可發展出超大的題庫來，也有可能無法適當地對一些特定的研究對象施測。如果題庫實在太大，研究者可依據一些準則，刪除一些不必要的問項，例如：不清楚意圖的問項、相關性差的問項，以及與其他問項太相似而研究者不想要的問項等等，都在可除去之列。

好問項與壞問項的特質

要一一列舉區辨好壞問項的所有標準是不可能的。但很顯然地，問項的內容本身即與問項的品質密切相關。再者，還是有一些可靠的判準，可以將一個好的問項從一堆壞的問項中區隔出來。其中最關鍵的就是清晰性。本書第 1 章已指出，一個好的問項應是清晰而不含糊。會令受訪者滿頭霧水的問項，應立即予以摒除。

量表發展者應極力避免過長的問項（exceptionally lengthy items），因為冗長的問項一般都會增加問項的複雜度或降低問項的清晰性。話雖如此，研究者也不應為了簡短起見，而不顧一切犧牲了問項所欲傳達的意涵。如果一個修詞子句是用以表達問項的內容旨趣，則毫無疑問地應該包含在問項之內。但是應該謹記：避免不必要的過度修飾。大體而言，問項如：「言之有物對我而言很困難嗎？」就比一個不必要的過長問項如「對我而言我無法將自己的看法傳達給他人，是很中肯的說法」，要好多了。

另外一個在選擇或發展問項時要考量的事情是：問項文字化後，閱讀的困難程度（reading difficulty level）。已有許多方法（Dale & Chall, 1948; Fry, 1977）可以用來指派文句的困難程度，其中也包括量表的問項。一般而言，較長的字眼或文句，需要較高程度的閱讀能力。例如：閱讀地區性的報紙，便至少需有小學六年級的閱讀程度。

Fry（1977）界定了鑑別閱讀程度的幾個步驟。第一步是從文章的內容中，以每一個句子的第一個字眼作為抽樣對象，抽出一百個字眼（如果量表中只有少數幾個問項，研究者可依便利原則將量表內容分為一百個片段，作為下一個步驟的依據）。下一步，在這篇文章中，計算其中完整句子及個別單字的數目。這些數據是用來作為曲線圖的起始點，這個曲線圖將提供從這篇文章中算出的句子與單字或音節等的混合情況，所對應的閱讀程度。這個曲線圖指出，符合小學五年級之閱讀程度的每個句子的平均單字數是 14 個；而其平均音節數則是 18 個。小學六年級之閱

讀程度是：在一個句子中平均的單字數約在 15 至 16 個；而音節數則是 20 個。國中一年級的程度則是平均每句有 18 個單字及 24 個音節。短句中含有高比例的長字與長句中含較少長字，這兩種句子可能產生同一程度的閱讀水準，例如：一個有 9 個單字及 13 個音節（亦即高達 44%多音節字眼）或是一個有 19 個單字及 22 個音節（但只有少於 14%多音節的字眼），兩種狀況都被歸類爲適合小學六年級的閱讀程度。對於大部分的測量工具（包括量表）而言，瞄準小學五年級與國中一年級之間的閱讀水準，並據以發展量表以供母體大眾使用可能是最可行、最受用的目標。前面提到的多面向健康控制場域量表，就是設定在小學五年級至國中一年級，這個閱讀水準範圍內一個典型的例句是：「發生在我身上影響到我個人健康的事，都是因意外而生」（Wallston et al., 1978）。這其中包括 9 個單字及 15 個章節，屬於小學六年級的程度。

　　Fry（1977）指出：語意以及文法的因素，也應該列入評估閱讀困難程度的考量之中。因爲短字傾向於更通俗易記，而短句則傾向於文法較簡單，Fry 的步驟較其他更複雜的困難度測定法而言，是另一個可接受的選擇。在採用其他方法評判書寫或選擇良好問項時，研究者評定閱讀水準，應以常識爲判斷依據。有些短的片語雖只包括短短幾個字，但卻遠超過小學程度的閱讀水準。例如：「Eschew casque scorn」就比「Wear your helmet」更容易使小學程度的人感到困惑狐疑，雖然兩者事實上都由三個字、四個音節所組成。另一個應該極力避免的事項是：多重否定（multiple negatives），因爲這也是引起誤會、困惑之源。「我不贊成企業停止支助反核團體」這句話就比「我贊成企業應繼續支持反核團體」更容易令人搞混（事實上，以上兩種說法可能傳達在這個議題上不同的立場。例如：後者可能暗含強調是「私人企業而非官方機構」的支持立場）。

另外，所謂「雙重含意」（double barreled）的問項，也應在摒除之列。這種問項往往在一句話中，同時傳達兩個或以上的訊息，以致於一個問項常常弄得好像什麼都問到了，但同時又什麼也沒問到。「我支持公民權，因爲種族歧視是一種與上帝作對的犯罪」；這個句子就是典型的雙重含意的問題。如果有一個受訪者支持公民權，但不是因爲冒犯神祇的顧慮（而是基於基本人權的考量），則他（她）會如何回答這個問項？如果他（她）回答「否」，可能會誤傳其不支持公民權的訊息；但如果回答「是」則又可能誤解其之所以支持公民權的緣故，乃由於敬畏神祇之故。

還有一個量表發展者應該避開的問題是：模糊不明的指稱代名詞（ambiguous pronoun references）。「謀殺犯與強暴犯不應尋求政客的赦免，因爲他們是世上的渣滓」，不管它的指稱代名詞爲何，這句話可能表達出某些受訪者的感受（然而，量表發展者通常比較傾向使每個問項清楚地表達其所意指的事項）。這個句子事實上犯了雙重的錯誤，它不僅包含模糊不清的指稱代名詞，同時也具有雙重含意。另外，錯置的修飾詞（misplaced modifiers）所造成歧義與模糊不清，與模糊的指稱代名詞所造成的負面效果

是一樣的。「我們所選出的眾議員，應在眾議院內努力立法，使娼妓合法化」，這就是錯置修飾詞的典型例句。最後，使用形容詞而不使用名詞，也有可能造成無心的誤解。讀者可以仔細考量以下兩個例句之間語意的差異性：「所有的流浪漢應做精神分裂症的檢查」與「所有的流浪漢應做精神分裂症檢查」。

肯定語氣與否定語氣問項

很多量表發表者喜歡選擇否定語氣的問法來形成問項。亦即此問項與所感興趣的構念間，有著反向甚或毫無瓜葛的關係。同樣地，也有為數不少的量表發展者，習慣以更為平常的肯定語氣來形成問項，直接與構念之間有關聯。無論如何，研究者應注意的一點是：量表發展的目的是達成一組問項，其中有些是以正面肯定的語氣來說明這個構念；另外一些則是以間接否定的語氣來模測所感興趣之構念的另一端。Rosenberg（1965）所定的自尊量表（Self-Esteem, RSE）就包括用以測量高度自尊（例如：我感覺自己具有許多優點）的問項及用以測量低度自尊的問項（例如：我有時候確實會感到自己沒有用）。在量表中同時以肯定與否定語氣來鑄造問項，其目的在於避免受訪者因為熟習、確信以及尋求一致性所造成的偏誤。這三個相類似的字眼所指涉的是：受訪者完全不顧問項內容，而清一色傾向回答同意的情況。假設一個量表只包括顯示高度自尊的問項，則以上所討論之「熟習的偏誤」（acquiescence bias）將會導致一種反映出極度高自尊的答題模式。但是如果這個量表是由同等數目的肯定與否定語氣問項所組成，則這種「熟習的偏誤」以及「極度高自尊」的現象，將可以從受訪者的回答模式中，彼此區分出來。一位選「同意」項的不經心受訪者，將會在高度自尊與低度自尊的問項上，都回答同意，而一個真正具高度自尊心的受訪者將會強烈同意高度自尊的問項，而強烈不同意低度自尊的問項。

不幸的是，包含正向肯定與負向否定的問項在同一量表內，是必須付出代價的。肯定語氣與否定語氣的轉換可能會困擾受訪者，尤其是在受訪者完成一份長問卷時。在這樣的情況下，不論問項的語氣為何，問句本身所代表的同意程度強度與被測量現象的本質之間的差異，會使受訪者感到困惑。也許對量表發展者而言，最好的課題是：同時意識到問項一致性所帶來的偏誤以及問項語氣轉換時所帶來的困擾，並且盡可能把題目和架構寫得清晰。

結論

健全的問項群是產生量表的豐富來源。它應該包括大量關於我們感興趣的內容的問題。至於問項群內容的多餘與重複對我們來說是有利的。這是內部一致性、可靠性的基礎，換句話說也就是量表效度的基礎。問項不應該整批地採用，以至於使受訪者認可一部分問項時，便不得不認可其他部分的問項，尤其是在這兩個部分可能代表一樣面向的時候。不論肯定或否定語氣的問項，都應該同時包含

在一個問項群中，它們的遣詞用字應該符合文法的規則，這樣可以部分地避免上述產生模稜兩可的來源。

步驟 3：決定測量的格式

　　有好幾種問題的格式存在。研究者應該在早期就考慮到未來量表的格式。這個步驟應該跟擬定問項的工作同時進行，以便兩者可以相輔相成。比方說：一長列的敘述問句卻不適地搭配單一用字的回答格式（例如：是、不是），那將只是浪費時間而已。此外，量表越早呈現理論的模式，便會越適用某些特定回答的格式，而較不適用其他的回答格式。一般而言，在某些連續向度上可計分、並且可以加總成量表分數的問項，如此製成的量表較適合成為理論的根源。然而，在這個部分我將討論幾個一般常見的格式，這是一些在第 2 章討論的理論模型衍生出來的格式，以及符合這些模式的格式。

賽斯通式量表

　　很多一般策略用來建構不同的量表，影響不同問項格式和回答選項。賽斯通式量表（Thurston Scale）就是一種。現在筆者試著用類比的方式說明賽斯通式量表的運作。就像音叉設計在特定的頻率下振動一樣，如果你敲擊它，它

會在某個頻率下振動，並發出特定的音調。相反的，如果你將音叉靠近一個跟音叉發出同樣頻率的音源，音叉也會開始振動。就某個程度而言，音叉是個頻率感應器，在特定感應的音波出現時振動，在其他頻率出現時則保持不動。假若一組音叉排成一列，由左至右隨頻率高低排列，那麼在這組音叉頻率的範圍內，這一整列音叉便可以用來區辨音調的頻率。換句話說，當某個特定的音調響時，我們可以藉由那個音叉在振動，來分辨這個音調的頻率。賽斯通式量表以類似的方式運作。量表發展者試著擬定不同等級的問項來區分這個問題不同層次的性質。當某個問項的「音調」符合受訪者這個屬性的程度時，賽斯通式量表希望只有單一的問項能夠符合受訪者的傾向程度。所謂「只有單一問項符合」，通常是因為量表中只有一個問項確切符合受訪者在這個屬性的程度，而其他的問項都無法做到。經由討論、裁定，將一個龐大問項群中的問項置成一疊，依據這些問項本身所建構出的強度大小等距的排成一列，那麼受訪者特定的「音調」便可以典型地被決定出來。換句話說，受訪者的答項決定於每個問項相對應所建構出來的程度。問項要發展成符合某種屬性的不同傾向、等距的排成一列、並且可以格式化成「同意－不同意」的選項。

這是個崇高的想法。研究者會用這些問項問受訪者，然後檢視他們的答案以確認這個問項是否適切地與此屬性的同意程度吻合。因為研究者會以這些問項本身在我們所觀測的現象上所代表的特定層級的敏感性來校準這些問項的適用性。所以受訪者對這些問項的同意程度會顯示出受

訪者擁有多少這樣的屬性。用問項本身的輕重程度來表現問項之間相等的距離，這樣的選擇會導致我們對這個測量的性質產生較高的期望，因為量表分數會符合等距量表的數學程序。測量父母對子女的教育成就與工作成就的賽斯通式量表，可能如下列所列：

1. 只有達到成功，才是子女們報答我們作
    父母的辛苦的唯一方法。　　　　　　同意＿不同意＿
2. 進好學校，有好工作雖然重要。但是子
    女的快樂才是真正不可或缺的。　　　同意＿不同意＿
3. 快樂對達到教育或是物質的目標沒有一
    點用處。　　　　　　　　　　　　　同意＿不同意＿
4. 世俗評價的成功是真正快樂的阻礙。　同意＿不同意＿

就像 Nunnally（1978）所指出的，實地發展出一個真正的賽斯通式量表比只是描述它的特質要來得困難許多。找出與某現象的特定程度產生一致性共鳴的問項是十分困難的。除非研究者有其強制性的理由，需要像校準刻度這樣精確的量表類型，否則這種方法實際上產生的問題通常缺點勝於優點。雖然賽斯通式量表是一個令人感興趣、而且有時候是個適切的方法。但是未來將不會是一個經常使用的量表。

格特曼量表

　　格特曼量表（Guttman Scale）是一組問項，隨著問項本身在某個特性上所代表的層次高低排列。因此，受訪者評估一個形容詞的問項組，直到某一個關鍵點。也就是說，直到這個問項在這個特性上所標示的輕重程度已經超過了受訪者所擁有的程度時，便不再需要評估其他的問項了。格特曼量表由一些純粹的敘述資料構成。比方說，一組訪問的題目可能會問說：「您抽煙嗎？」、「您一天抽超過十根煙嗎？」、「您一天抽煙超過一包嗎？」等等。就這個例子，受訪者評估格特曼量表中任何特定的問項，直到符合自己狀況的問項為止，這同時意謂著受訪者肯定先前所有問項。受訪者在這個特性上擁有的輕重程度是以量表中受訪者產生肯定答案的最高問項來標示的。要注意的是：不論是格特曼量表或是賽斯通式量表都是由等級問項所組成的量表。在前面賽斯通式量表的例子中，著重的是單一面向的答案（例如：都是肯定答案的問項）。但是後面格特曼量表這個例子，則在於由肯定轉為否定回答的關鍵問項。先前父母對子女的期望量表，以格特曼的觀點可能會像下面所列的：

1. 只有達到成功，才是子女們報答我們作
   父母的辛苦的唯一方法。 同意＿不同意＿
2. 進好學校，有好工作對小孩的幸福非常 同意＿不同意＿
   重要。
3. 如果一個人達到他的教育或物質上的目
   標的話，幸福才有可能。 同意＿不同意＿
4. 世俗所評價虛飾的成功不是真正幸福的
   阻礙。 同意＿不同意＿

　　對於客觀的資訊或符合邏輯的現象，格特曼量表可以
處理得非常好。在這樣階層分明的量表中，同意其中一個
層次的問項，意味著受訪者對這個等級之下所有較低的層
級都表示贊同。但是，當我們感興趣的現象不夠明確時，
就會有些麻煩。例如在父母對子女期望的等級量表中，不
同受訪者對問項次序排列的意見可能會不一樣。不管怎樣，
一天抽二十根煙一定比抽十根煙多。但是在父母期望量表
的例子中，受訪者對問項三或問項四的順序，可能不會順
著格特曼量表的次序模式。有人可能只同意問項三而不同
意問項四。以格特曼量表的觀點，一般來說，受訪者同意
問項三意味著也同意問項四。但是，如果受訪者將成功視
作一個複雜的因素，它同時扮演幸福的促進者與破壞者。
這時，便會產生一個非典型的回答模式。
　　就像賽斯通式量表一樣，格特曼量表無疑有它存在的
地位，但是它們應用的範圍似乎相當受到限制。這兩種方
法的缺點與困難度常常超過優點。再次提醒大家，到現在

所討論的測量理論，不一定完全會用在這類型的量表中。Nunnally 簡要的點出，這些量表背後的概念模式：在潛在變項與問項之間，都有著同等強度的因果關係。格特曼量表或賽斯通式量表都不會應用這樣的理論假設。

等重問項量表

我們在書中較早討論到的測量模型，與等重問項量表搭配最適合。這種量表由份量大約等重的偵測者（問項）所組成的。也就是說，問項或多或少是平行的（但也不需要像平行檢定模式所規定得那麼嚴格）。問項等重量表，個別問項對共同現象而言，不是很完美的指標，但可藉由簡單的加總問項分數而建立一個可接受的可靠量表。

這類量表的迷人之處在於：問項可以有各式各樣的選項格式。它給予量表發展者很大的發展空間，可以針對特定目的，建構最適宜的測量。有關選項格式的一般性議題以及某些具有代表性的選項格式，它的優缺點，我們會在下面一一檢視。

多少的選項類別

大部分的問項包含兩個部分：一個題幹與一組選項。比方說，每個問項的題幹可能宣示不同觀點陳述、表達不同的意見。那麼選項便尾隨在題幹之後，它是一組描述詞，可以標示出受訪者對這個敘述的同意程度。現在讓我們針

對選項，特別是符合受訪者程度的選項數談起。某些選項格式允許受訪者做無限的回答，或者提供非常多的選項給受訪者選擇。然而有的選項格式卻限制可能會出現的答案。例如測量憤怒的量表，就像一個溫度計一樣，從溫度計的基點「一點都不生氣」測定到頂點「完全、無法控制的震怒」。我們呈現給受訪者一組情境敘述，每個情境敘述都伴隨著一如溫度計量的選項，並且我們要求受訪者在「溫度計」上標出某個部分來表示：「在這樣的情況下，會有多生氣？」這個方法使「憤怒」這個現象，幾乎可以做連續性的測量。另一種可選擇的方法是要求受訪者用 1-100 的數字標示出「在每個情境下，會有多生氣」的程度。這種方法是用在選項數不連續的時候。另外，某種格式會將答案限制在一些選項中：像是「沒有」（none）、「一點點」（a little）、「中等」（moderate）、「很多」（a lot）或者是很簡單的二分法選項：「生氣」和「不生氣」。

這些不同的選項格式，相對的優缺點為何？我們希望的測量量表的特質是變異性的。一個測量如果變異性不大，便無法產生共變。如果一個量表無法區辨某個特性上輕重程度的差別，那麼它與其他測量量表之間的相關程度將會被限制，它的適用性也會受到侷限。增加量表變異性的一個方法就是用一大堆量表問項。另外就是在問項中使用多個選項。如果受客觀環境限制，量表發展者只能設計兩個有關「憤怒」的問題。那最好讓受訪者有更多的自由來描述他們憤怒的程度，也就是使這兩個問項有較多的選項可供選擇。假設研究有關「工作場所強制禁煙政策所引起的

反應」，我們進一步假設研究者想確定禁煙政策與工作者憤怒之間的關係。如果受限只有兩個問題可以詢問時（例如：「當您被限制不可以在工作場所抽煙時，您會感到多麼生氣？」及「當您暴露在其他人抽煙的工作環境時，您會感到多麼生氣？」），給予受訪者許多不同層級的回答選項，將會比二分法的回答格式，得到更有用的資訊。例如：0 到 100 的量表選項，可以針對這些情況的反應顯示出蠻寬的差異性，使這個只有兩問項的量表產生較好的變異性。反過來說，如果研究群被允許產生五十個有關抽煙和憤怒的問項，就算只有「生氣」、「不生氣 」兩種指標，但是加總問項得到量表分數之後，也可能產生充分的變異性。事實上，面對五十個題目，如果選項較多的話，可能會使受訪者感到疲倦或厭煩，而降低回答的信度。

　　另外一個與選項數目有關的議題是：受訪者區辨選項意義的能力。典型的受訪者到底能夠將選項區分得多好呢？這顯然與我們要測量的現象是什麼有關。很少有現象可以真正的區分成五十個不連續的類別選項。如果呈現這麼多的選項，受訪者往往只會考慮五或十倍數的選項，有效的將選項降低到五個左右。第三十五和第三十七個選項之間，可能無法反應真實現象的差別。這種虛偽的精確是無法獲得任何真相的。雖然這樣的增加選項會增加量表的變異性，但是增加的部分很可能只是隨機的部分（換句話說，增加的是誤差所產生的變異性），而不是增加這個現象特性的系統性部分。當然，增加這類的誤差沒有任何好處。

　　有時候受訪者區分選項意義的能力，有賴於問項具體

的措辭與這些選項和其他選項位置間的配置關係。要求受訪者區分一堆模糊不清的量化描述詞，例如：「幾乎」、「很少」、「許多」，可能會產生許多模糊的問題。有時候受訪者可以藉著這些選項在版面上的配置，來降低選項的模糊性。如果選項排成一個明顯的連續的話，受訪者似乎都可以了解什麼是我們所要表達的。就像下面選項的次序：

許多　　　一些　　　少　　　非常少　　　沒有

這樣便隱含著「一些」比「少」多。然而如果可能的話，找出意義明確的形容詞，會比讓受訪者依照選項的排列順序來假設選項本身所代表的意義，還來得好。有時，寧可用少一點但卻明確的選項，也不要用一堆意義不清的選項。就像上面的例子，去除「一些」或「少」其中一個選項，讓選項變成四個，會比現在的五個選項好。最糟的情況是選項本身定義不清，版面的配置又令人覺得模糊。請讀者思考一下下面的例子：

非常有用　　　　　不是非常有用
有點用　　　　　　一點都沒有用

像「有點」和「不是非常」等詞，即使在最好的版面配置下都很難區分。然而這個例子，又將這些定義不清的選項排列成上面這樣，更加深令人困惑。假若受訪者直看，

先看第一行的兩個選項再看第二行，他會以為「有點」比「不是非常」代表更高的層級。但是如果受訪者橫看，先看第一列再看第二列，那麼這兩個受訪者心目中的選項次序便完全相反。由於選項的措辭與排列位置所造成的模糊，受訪者可能對這兩個中間程度的選項產生不同的意義，因而導致量表信度的降低。

還有一個議題，即研究者是否有能力與意願，針對每個問題去記錄並處理這麼多的選項值。如前面所述，用溫度計的方法來量化有關「憤怒」的答案，實際上研究者企圖想要確定多少的答案精確度？而所謂的精確度又能達到多少呢？測量的涵蓋部分可以精確到 1/4 吋嗎？或是能夠精確到公尺或是公分？如果從量表得到的只是一些粗略的基準，像「較低」、「中等」、「較高於第三個」等等……這樣的話，又如何能要求這些選項有多麼地精確。

另外，至少還有一項關於選項數的議題。假若問項搭配幾個不連續的選項，那麼選項數究竟應該是偶數、還是奇數呢？這還是有賴於問題的類型、選項的形式和研究者的目的。如果選項是兩分的，指涉相反的兩極（例如：極端正面對極端負面的態度）。奇數個選項允許受訪者有模稜兩可（例如：既不贊在成也不反對）或不確定的情形產生；偶數個選項通常就不行。也就是說奇數選項意涵著有一個中點（例如：既不是正面也不是負面的評價）。相反的，偶數選項強迫受訪者在兩端的方向上做出一個選擇，至少做一個較弱的回應（例如：強迫受訪者在微正或微負面的評價中做一個選擇，至少當作某一端的回答）。沒有

什麼格式是一定佔優勢的。如果受訪者選中間的選項只是為了避免做出選擇，那麼研究者可能會想要排除模糊不清的狀況，所以採用偶數個選項。例如在「社會比較研究」中的選項，研究者可能會強迫受訪者針對「較具優勢與較不具優勢的人」提供一些參考的資訊。思考下面這兩種選項格式：第一種是「關節炎病人的社會比較研究」所採用的選項格式（DeVellis, Holt, Renner et al., 1990）：

1. 您會比較注意那方面的資訊？
   a. 那些關節炎比您還要嚴重的病人資訊。
   b. 那些關節炎比您輕微的病人資訊。
2. 您會比較注意那方面的資訊？
   a. 那些關節炎比您還要嚴重的病人資訊。
   b. 那些關節炎跟您一樣嚴重的病人資訊。
   c. 那些關節炎比您輕微的病人資訊。

中間的問項像 2b 選項，讓受訪者做出我們所不希望得到的模糊答案。但是有時候中間點的答案也可能是我們想要的。例如：在兩種不同風險的活動中（例如：無聊的與危險的活動），評估人們比較偏好那一種研究時，中點便可能會是關鍵。研究者可能會在安全、但乏味的活動與刺激、但具危險性的活動之間，變換這些活動可能受傷的嚴重程度與機率，讓受訪者選擇。就危險性而言，在受訪者最靠近模稜兩可之處，則較刺激性的活動便可用以作為冒風險的指標。

從下列的選擇中，比較活動 A 與活動 B。標示出您個人相對上較偏好的活動，在活動 B 的描述之後，圈選出適當的選項。

　　活動 A：讀統計書（不可能受到重傷）

1. 活動 B：坐在小型通勤客機中飛行（受到重傷的機率非常小）

強烈偏好 A　稍微偏好 A　沒有任何偏好　稍微偏好 B　強烈偏好 B

2. 活動 B：在小型開放式戰鬥機上飛行（受到重傷的機率小）

強烈偏好 A　稍微偏好 A　沒有任何偏好　稍微偏好 B　強烈偏好 B

3. 活動 B：從飛機上使用備用滑道跳傘（受重傷的機率中等）

強烈偏好 A　稍微偏好 A　沒有任何偏好　稍微偏好 B　強烈偏好 B

4. 活動 B：從飛機上不用備用滑道跳傘（有潛在機率會受重傷）

強烈偏好 A　稍微偏好 A　沒有任何偏好　稍微偏好 B　強烈偏好 B

5. 活動 B：沒有用降落傘從飛機上跳下，並企圖降落在柔軟的目標（幾乎確定會受重傷）

強烈偏好 A　稍微偏好 A　沒有任何偏好　稍微偏好 B　強烈偏好 B

先不論其他的優、缺點，這個方法的選項非常清楚的需要包含一個中點。

選項格式的特定型態

量表問項有各式各樣的格式。然而，有幾種呈現問項的方法已經廣泛地被使用並成功地應用在不同的研究中。下面我們將討論這幾種方法。

利式量表法

是最普遍的問項格式之一。使用利式量表法（Likert scale）時，問項以敘述句的方式呈現，後面跟隨著許多選項，分別標示各種同意或支持的程度（事實上，先前「冒風險」的例子，用的就是利式量表法的選項格式）。至於問句應該採用奇數、還是偶數個選項，則有賴於被觀察的現象本身的特質以及研究者目的。研究者應該考慮選項的措辭，盡量讓它們在同意的程度上，彼此粗略的間隔等距。也就是說，任何相鄰的兩個選項間在同意程度的差異應該和其他任意兩個選項間的差異約略相等。舉一個普遍的實

例，包含六個可能的答案：「十分不同意」、「不同意」、「有些不同意」、「有些同意」、「同意」、「十分同意」。從「最同意」到「最不同意」形成一個連續的向度，中點也可以加進去。一般中間的選項包含兩種意義：「既不同意也不贊成」或者「同意、不同意的輕重相等。」這兩個中點的意涵，還有討論的空間。第一種中點隱含漠視、沒有任何興趣（也就是無意見）。但是，後者則表示強烈但同等的態度：贊成、也不贊成。大部分受訪者可能不會花很多心思在詞句的敏感性，只是把任何位於中間的合理選項當作中點，而不管它精確的措辭為何。

利式量表法廣泛地用來當作測量意見、信仰、態度的工具。如果問項本身敘述的立場相當強烈（雖然不是最強烈的立場），使用利式量表格式通常是有效的。因為我們假設：中庸立場的態度，已經放入選項中給受訪者選擇了。舉個例子：「醫生通常會忽視病患說的話」、「有時候，醫生不會花他本來應該花費的心思來注意病人的評論」、「醫生有時候會忘記或漏聽病人告訴他的話」。請針對各個句子，表示「強」、「中」、「弱」的意見，作為有關「外科醫生不關心病人」的評論。

上面三個句子，對利式量表法來說，那一種是最適合的？當然，最精確、可以反應意見真正差異的句子最好。研究者最初在原始問項群中要挑選措辭多強的問項？研究者可能會有利的問自己：「在這個問項的特性上，有不同強度與差異性的人們，會如何作答。」剛剛呈現的三個句子中，研究者可能會下結論說：「最後一個問句可能會誘

導人們做出強烈同意的回答。」不論這些人實際上的意見是落在由正到負連續向度上的那一點。如果上述研究者做的結論被證實是無誤的，則第三個問句就無法區分「強」、「中」、「弱」三種意見的強度。

一般來說，使用利式量表法時，太溫和的敘述會引起大量的同意。許多人會十分同意像這樣的句子：「公民的安全與保障是重要的。」有人就算沒有強烈的意見，也會十分同意這樣的陳述（換句話說，就是會選擇一個極端的選項），反過來說也是一樣。對這個議題有極端看法的人，不論它的看法為何，都可能不同意極端強烈的陳述（例如：「逮捕並處罰犯錯的人比保護個體的權力更重要」）。太溫和或太極端的措辭，兩者都會產生不良的後果，前者比後者更甚。原因有二： 第一，研究者傾向寫一些不會冒犯受訪者的問句。避免冒犯受訪者是一個好的想法，然而這樣會使我們較偏好那些可能每個人都會贊同的問題。另外一個要小心的地方是：如果問句太溫和，它們可能無法代表任何的信念或意見。前頁「忽視病人言論醫生」的問項中：第三題比較能指出受訪者沒有不贊成這個問項的態度，而較無法指出受訪者究竟有沒有贊成的態度存在。這種問項可能不適合研究的目的，因為研究者有興趣的往往是某個現象是否存在，而不是某個現象是否不存在。

總而言之，好的利式量表法問項應該描述意見、態度、信念和其他在明確措辭之下的構念研究。對這類的量表而言，建構問項既不需要也不適合依照主張的程度，由強到弱涵蓋整個範圍。但是它的回答選項要提供受訪者層次分

明的選擇機會。舉一個利式量表法回答格式如下：

1. 運動是健康的生活型態基本且重要的成分。

1	2	3	4	5	6
很不贊成	不贊成	有些不贊成	有些贊成	贊成	很贊成

2. 打擊藥物濫用應該是國家的當務之急。

1	2	3	4	5
完全正確	大部分是正確的	無意見	大部分不正確	完全不正確

語意差異量表

語意差異量表（Semantic differential scale）主要和 Osgood 與他的同僚所做的態度量表研究有關（Osgood & Tannenbaum, 1955）。通常語意差異量表的主題是關於評價一個或多個刺激物。舉例來說，在態度的例子中，刺激物可能會是某一群體的人，像汽車業務員。研究者用一長列、兩兩成對的形容詞組來確認這個目標刺激物。每一個形容詞組，代表連續向度上相對的兩端。而這兩端用形容詞來定義，例如：誠實、不誠實。就像下面例子所說的，在兩形容詞間由幾條橫線組成選項。

汽車業務員

誠 實　　　 ─ ─ ─ ─ ─ ─ ─ 　　　不誠實

安靜的　　　 ─ ─ ─ ─ ─ ─ ─ 　　　聒噪的

　　基本上，每一條橫線（一般通常分為 7 或 9 個層次）代表受訪者個人在這個形容詞的連續向度上所在的位置。受訪者在其中一個橫線上標記，用來表示這個刺激物，對受訪者來說，在這個連續向度上的特質。比方說，某人認為汽車業務員很不誠實，那麼他可能會選最靠近「不誠實」端點的橫線。不論是極端或中等的態度，都可以由受訪者所標的橫線上看出。用第一組形容詞評估這個刺激物之後，受訪者可以跳到下一行，繼續用下一組的形容詞組。

　　這些形容詞可以是雙向或單向的，完全取決於這個量表傾向定位的研究題目的邏輯。雙向形容詞，分別代表相對的兩種特性，像是友善與敵對的。單向形容詞，指出單一向度的存在與否，例如友善、不友善的。

　　就像利氏量表法一樣，語意差異量表的選項格式可以與本書先前幾章所談的理論模式高度相容。在同一個變項下，可以發展出一組不同的問項組，來測試這個變項。例如問項分別用：值得信賴的／不值得信賴的、公平的／不公平的、真實的／不真實的，當作端點。這些形容詞組加上前面例子中第一個陳述句之後，便可以組成「誠實量表」（honesty scale）。這樣的量表可以將誠實概念化成一組問項，共同代表一個潛在的變項（誠實）問項並且符合我們在第 2 章討論的假設。因此，各個「誠實」問項的分數可

以加起來，並且分析當作問項值分析。有關問項值我們會在稍後的章節述及。

視覺類比

　　另外一種問項格式視覺類比量表（visual analog scale）它在某個程度上與語意量表有些類似。它的選項格式有一對描述分別代表連續向度上兩個相對的端點，中間以實線連接起來。受訪者被告知在實線上標記一點來作答。用這個點在實線上的位置來代表他（她）的意見經驗、信念或是任何被測量的向度。視覺類別量表，一如「類比」一詞所意涵的，它是一個連續的量表。至於區分實線上的點，並指派爲量表分數則完全取決於研究者的決定。使用連續性選項格式，先前已經討論過部分的優、缺點了。還有另外一個需要討論的議題。這個問題並不是產生在「答案位於實線上的物理位置可能有不同的解釋」，而是「在與連續向度上評價」的問題有關。在線上標示特定的點，甚至於我們已經爲所有的受訪者明確標明實線的兩端的含意了，對不同的人還是有不同的含意。讓我們思考一下關於「疼痛」的視覺比對量表，就像這樣：

一點都不會痛 ＿＿＿＿＿＿＿＿＿＿＿我曾經歷過最痛的經驗

　　如果受訪者的答案是在量表的中點，那麼它代表的是曾經有一半的時間經歷這樣最痛的經驗，還是可能產生持

續疼痛其強度的一半，還是其他別的意義？測量疼痛的另
一個問題是：「疼痛」可以用多向度的方法來評估，包括
使用次數、強度、疼痛持續的時間。還有，請一個人回想
曾經歷最痛的經驗可能會有扭曲。若進一步比較受訪者之
間的經驗，事情就更複雜了，因爲不同的人可能經驗完全
不同的所謂「最痛的經驗」。當然，這些問題部分是來自
於這個例子所舉的現象：「疼痛」，而不是來自於量表本
身。但是對其他的現象來說，視覺類比量表特有的回答格
式，要將之分派爲問項值，還是會產生問題。視覺類比量
表主要優點在於它們有可能非常的敏銳。特別是用在測量
某中介事件發生前與發生後所產生的些微差異現象。這些
突發的事件就像是某種干擾或是實驗性的操縱，它們會產
生比較微弱的效應。例如實驗性操縱。在一個輕微責難的
情況下自尊所受到的影響，若使用五個選項的自尊量表來
測量，答案可能不會產生任何轉變。然而使用視覺類比量
表，在這個實驗假設的情境下，受訪者的答案可能會敏銳
又系統化地轉變到較低的問項值上。當我們想檢查同一個
體隨著時間的變化，而不是個體之間的差異時，則此量表
的敏感度會較具有優勢（Mayer, 1978）。也許就是這樣的
情況，因爲在先前的案例中，沒有額外的誤差是起因於個
體間異質的差異。

　　視覺對比量表另一個潛在的優點就是：當它們隨著時
間重複施測時，受訪者幾乎很難或不可能精確的重複過去
的答案。繼續前段的例子，對於多選項的格式，像是利式
量表法，受訪者要記得先前在自尊量表問項的五個選項中

選了那一個答案，可能沒有什麼困難。但是使用視覺比對量表時，除非受訪者先前的答案是兩個端點之一，否則很難精確的回憶先前在無特色的線上所標示的位置。如果研究者擔心隨著時間受訪者可能會保持先前的回答而有所偏差，那麼使用視覺類比量表比較有利。視覺類比量表拒絕承認這樣的可能性：假設受訪者暴露在和先前相同的實驗操縱下，會誘導出一致的答案。假如對實驗組的受試者而言，在變項操弄後的反應一致地不同於（通常是同一方向性的不同）變項操弄前的反應，而對控制組則差異是隨機的，選擇使用視覺類比量表可能有助於偵測出其他測量方法會錯失的輕微現象。

視覺類比量表通常用來作單一問項的測量。這有問項數量上的缺點，因為它排除了任何決定量表內部一致性的依據。因為單項測量只能用第 3 章所談到的再測方法來決定信度，或者跟心理計量學的特性有相同屬性的其他測量來比較。第一個方法會犯我們之前談過的再測方法的毛病，尤其是我們無法區分究竟是測量過程的不穩定還是我們所測量的現象本身不穩定，而導致信度的降低。後面的方法，實際上是建構效度的比較。然而，因為信度是效度的必要條件。所以假若效度十分顯著，我們可以藉此推論信度。此外，較佳的策略是發展多問項視覺類比量表，以使其內部的一致性易於決定。

二元選項

　　另一個普遍的選項格式是：讓受訪者在兩個選項中選擇。之前賽斯通式和格特曼量表例子中，用的就是二元選項（binary options）的回答格式（同意－不同意）。雖然量表由等重的問項構成，也可以使用二元選項格式。例如要求受訪者檢視表上所有適用於他們自己的形容詞。或者也可以要求受訪者對一整列特定情境的假設下，可能會經驗到的情緒反應回答「是」、「不是」。在這兩個例子中，答案所反應的是在同一個潛在變項下的問項（例如用像傷心、不高興、憂鬱等等的形容詞來代表沮喪），然後綜合所有答案形成單一的分數，以構成這個變項。二元選項格式主要的缺點是每個問項只擁有極小的變異數。任何兩兩成對的問項組只有兩種層次的共變：一致或不一致。記得在第 3 章曾提過，由多個等重問項組成的量表，其變異數正好等於共變矩陣中每個問項共變數的總和。如果使用二元選項格式，因為可能產生的變異很小而有所限制，每個問項對此量表總和的影響是很少的。假如問項是二元的，實際的結果是：我們需要更多的問項來獲得相同程度的量表變異數。但是對受訪者而言，二元選項通常很容易回答，因此不管是任何問項對受訪者的負擔都很低。比方說，大部分的人可以很快的決定那一個形容詞較適合他們自己的情況。結果，受訪者通常較願意完成二元選項問項，而不願去回答那些需要集中精神的精細區分格式。因此，二元選項格式允許研究者使用較多的問項，將問項資訊加總來

達到適當的量表分數。

問項時間架構（item time frame）

　　另外一個附屬在問項格式的議題：問卷特定或隱含的時間架構。Kelly & McGrath（1988）在本叢書的另一冊討論到：思考不同測量的時間架構的重要性。有些量表沒有提及時間架構，是隱含著一般的時間觀念。比方說，（控制場域）量表中的問項通常隱含永恆的因果關係信念。像是「如果我採取正確的行動，便可以保持健康。」（Wallston et al., 1978）這個問項假設，這樣的信念相對上是穩定的。因為控制場域是一個概化（而不是具體預期）的結果。這樣的信念恰巧與控制場域的理論性特徵相符合（雖然近來控制場域的研究已經轉移到較特定具體的情境研究了，例如：DeVellis, DeVellis, Revicki, Lurie, Runyan & Bristol, 1985）。其他測量相對而言，則是評估較為短暫的現象。比方說，沮喪可能隨時間的不同以及測量量表的不同而變化。在這點上，我們已經獲得共識了（Mayer, 1978）。例如，已廣泛使用的「傳染病研究中心沮喪量表」（CES-D）（Radloff, 1977）。這樣的格式，要求受訪者指出過去一周內他們所經歷的各種心理狀態。有些測量，像焦慮量表（例如：Spielberger, Gorsuch & Lushene, 1970）分別發展成不同的格式，試圖去捕捉相對短暫的情況或者相對持久的特質。研究者應該積極、而非被動地為量表選擇適當的時間架構（Zuckerman, 1983）。在選擇的過程中，理論是個很重要

的指引。我們所感興趣的現象究竟是人格上基本、恆久的特質？還是比較容易隨環境改變？我們發展的量表，在主要的時間架構下，是傾向於偵測出現象精細的變化（例如：看完悲劇電影後會增加多少負面效應），還是傾向於探求有關生命發展所帶來的變化（例如：隨年齡增加，政治保守主義增加多少）？

結論：問項格式包含選項格式與問題指引。這些都應該反映潛在變項的特質和我們使用量表的傾向。

步驟 4：請專家檢視最初的問項群

到目前為止，我們已經討論過製作量表的各種需要了，包括對我們所感興趣的現象做清楚的界定，擬定適合的問項群，並且為這些問項選定合適的選項格式。下一步就是找一群對這個量表內容有知識的人，再審視這些問項。這樣的檢視有很多的目的，為的是最大化量表內容效度（請看第 4 章 ）。

首先，由這方面的專家檢視你的問項群，可以鞏固你對這個現象的定義。你可以請教這些專家同僚（例如：那些工作領域與問項架構或相關現象廣泛有關的學院人士）充當審查小組，評估每個問項與你想要測量的現象之間是否適切。尤其是當你正在發展數個獨立量表以測量多向度的構念時，這種作法特別有用。如果你在發展問項時已經

很小心了，那麼這些專家在決定那一個問項符合這個構念時，就不會有太大的困難。本質上，每個問項會測出什麼現象，只是你的一個假設，而專家的回答是證實這種假設正確與否的資料之一。甚至在所有問項都是符合單一屬性或構念時，專家的觀點也是有幫助的。如果專家在你選的問項中讀出了一些你原本沒有計畫放進去的訊息，那麼那些完成你整個量表的受訪者也會讀出同樣的東西。

　　獲得問項適當性的評估機制：通常，提供這些專家審查小組構念的操作型定義，然後要求這些專家用「適用性」的觀點（以你已經建構好的構念）來評估每一個問項。他們可能只是對每個問項做高、中、低等適當性的評估。此外，邀請專家評論各個問項，看看它們合不合適。這樣的評估有些困難，但卻可以提供研究者極佳的資訊。這些專家常常會產生一些具洞察力的評論，比方說：為什麼某些問項如此模糊不清？這對你嘗試去測量的構念可以提供新的觀點。

　　檢視者也可以評估問項的清晰度與簡要性，問項的內容可能與構念有關，但措辭卻可能有問題。因為一個模糊或有些不清楚的問項，在很大的程度上，將比清楚的問項更容易將外來的因素反映在這個潛在變項上。這樣的問題會產生在問項信度上。指示你的檢視者，要求他們指出拙劣或令人覺得困擾的問項，並提供替代性措辭的建議。你的專業檢測者可以提供的第三種服務，是請他們指出，觸及此現象而你沒有包含在測量中的方法。而這些方法中有些可能是你完全忽略的。比方說，在有關健康信念的問項

群中，已經包含了許多指涉疾病的問項，但是你卻忘了考慮到「受傷」也可以是發展健康量表的另一個相關的出發點。在檢視你捕捉所感興趣現象各式各樣的方法之後，檢視者會幫助你極大化量表的內容效度。

有關專家的意見最後警告是：對於專家給你的建議，不論是接受或是駁斥，最後的決定權都在於你，這是你作為量表發展者的責任。某些與量表內容有關的專家，可能不懂得建構量表的原則，導致他們提供你壞的建議。我經常遇到一些沒有量表建立經驗的學院同僚所給的建議，而這些建議是：要求我們排除內容相同的問項。就像早先討論到的：從問卷庫或最後已經定案的量表中，除去所有重複的問項部分，將會造成很嚴重的錯誤。因為重複的部分是量表內部一致性的構成要素。然而，這些來自專家的評論指出這些問項的措辭、字彙、句子結構太相似，因而需要改善。你在內容專家得到的所有這方面的建議，都需要小心的予以重視。然後，自己做出有見識的決定，如何使用他們這些建議。在建立量表的這一點上，量表發展者請專家們檢視一組問項，並根據他們的意見來修正，現在我們進行下一個步驟。

步驟 5：考慮加入效度評估問項

發展量表問卷的重心明顯在於：發展量表產生一組適

當的問項。然而一些先見之明對這樣的發展過程有相當的助益。在同一個問卷中，包含一些額外的問項是有可能的，並且也相當的方便。這樣可以幫助我們決定最後定案量表的效度。我們至少可以考慮加入兩種類型的問項。

第一種問項是為了偵測出量表的瑕疵與問題，受訪者可能只是因為不同意你的假設而不回答我們基本上感興趣的問項；或者可能有其他的動機影響了受訪者的答案。早點了解到這樣的想法是有益的，其中一種很容易被評估出來的動機是社會期望（social desirability）。受訪者如果強烈的想要以社會上評定正、反面的一般方式來表現他自己，那麼問項的答案便會被扭曲。在問卷中包含一組社會期望量表，可以讓研究者評估，每個問項受到社會期望的影響有多強。除非有健全的理論支持，否則應該刪除潛在與社會期望分數相關的問項。目前簡明、有用的社會期望量表是由 Strahan 和 Gerbasi 於 1972 年發展出來的十個問項測量，十分便於加入在一份問卷中。

還有其他的問項資源可以偵測出我們不想要回答的傾向（Anastasi, 1968）。明尼蘇達人格表，縮寫為 MMPI（Hathaway & Meehl, 1951; Hathaway & McKinley, 1967），它包含幾個量表，目標是偵測出各種回答的偏差。在某些例子中，可能適合將這類型的量表納入其中。

在這個階段，為了建立量表的建構效度，可以考慮加入其他層次的問項，就如第 4 章所討論的。如果既有的理論主張：你目前正著手測量的現象和其他的構念有關，那麼將此量表的表現與其他構念的測量比較，可以提供這個

量表效度的證據。在這個階段就加入相關構念的測量，而不是在定稿的量表完成後，另外再獨立進行效度評估的工作。最後得到的相關模式，可以作為效度宣稱的支持，另外，也可以提供研究者有關這組量表表現不如期望的線索。

步驟 6：對選定的樣本進行問項施測

決定問卷中與構念相關並且具有效度的問項之後，連同新的問項群你必須對一些受訪者施測這些問項。受訪者的樣本必須夠大，所謂夠大是多大呢？在這個議題上很難找一致的見解。讓我們先檢查大樣本的合理性，Nunnally（1978）指出，在量表發展時，樣本的基本議題牽涉到從假設的問項領域中抽樣（請參照 Chiselli et al., 1981）。為了確定問項的適當性，樣本要大到足以消除受訪者的變異性，這是個重要的著眼點，Nunnally 建議三百個人是發展樣本適當的人數。但依照實際的經驗，稍微低於三百的樣本數，便可以成功的發展一份量表了。所抽取的問項數目和量表數目，也會影響到樣本大小的議題。假設，從二十個問項的題庫，要建立單一向度量表，則三百個以下的受訪者可能就夠了。

使用太少的樣本可能會有幾個危險：第一，問項間共變的模式可能會不穩定。原本會增加量表內部一致性的問項，當我們施測另一個樣本時，一致性可能會不見。假如

選擇問項的最後條件（就像過去一般會採用的），是基於這個問項對 α 值有多少貢獻時，一個小的發展性樣本對量表內部一致性，會不正確的繪出樂觀的遠景。當問項與受訪者之間的比值相當低，而樣本數又不大時，問項間的相關可能會受相當大程度偶然機會的影響。在這樣的情況下決定出來的問項量表，在真正施測時，原本使某些問項看起來還不錯的偶然機會因素將不再運作。結果，獲得的 α 值將會比原本在發展量表研究時所得到的 α 值期望值低得很多。同樣的，潛在不錯的問項也可能會因此被排除在外，因為它和其他問項的相關可能純粹只因為偶然的機會因素而降低。

小樣本會造成的第二個潛在的陷阱是：發展樣本無法代表量表傾向所指向的母群。當然，大樣本也會發生同樣的問題，但是小樣本甚至更容易排除某些特定類型的個體。因此量表的發展者應該同時考慮樣本數與發展樣本的組成。細心的研究者可能選擇用 G-研究（在第 3 章討論過）來定位不同母群間（或其界面）量表的概化程度。

並不是所有無代表性樣本的類型，都可以明確的定義出來。一個樣本至少在兩個方面無法代表母群，第一是代表樣本與我們傾向測量的母群之間的屬性層級。比如某個樣本可能只代表母群在這個屬性上的某個狹小的範圍，而不是我們預期的整個母群範圍。這種範圍的壓縮也不是對稱的，所以從樣本獲得的量表平均數會比母群的期望值要來得高些或低些。例如對「適當的合法飲酒年齡」的意見，一個校園的意見可能不同於一個社區的意見。對某一屬性

不具代表性的平均數，必然沒有資格作為發展量表的樣本。有些平均值可能產生不精確的量表期望值，但是卻仍然可以提供量表擁有的內部一致性的精確圖像。比如說，這樣的樣本在有關「那些問項具有最強相關」這方面，仍可以引導出正確的結論。

比較麻煩的一種不具代表性樣本的類型是：樣本與目標母群間是質的差異，不是量的差異。特別是在樣本中，問項與構念之間的關係類型與母群不同時，這是要特別注意的地方。如果樣本十分特別，則這些問項對此樣本可能會有不同於一般人的意義。問項間的關聯模式可以反應樣本成員間不平常的屬性。在問項間相關的模式，可能反應出樣本中不尋常的屬性，但是不會反應樣本之外的屬性。換句話說，產生相互關聯的群體本身（例如從因素分析）可能是非典型的。更正式的說，假如樣本在重要的部分不像母群，則樣本在連接變項與真實分數的潛在因果架構上，可能和母群大不相同。思考下面明顯的例子：如果我們選中的樣本成員無法理解問項間的關鍵字，這些字在問項間屢屢出現且與構念有關。那麼他們的答案便無法告訴我們，量表在不同的情況下會如何運作。像 sick 這個字在美國代表病了，但在英國是噁心 nauseated 的意思（換句話說，某個人反胃、噁心）。針對某一群體發展出的一組有關生病的問題，對其他團體可能會有顯著不同的意義。如果量表是關於一個特定的健康問題，而不與「噁心」相關（例如關節炎）。如果樣本是英國人的話，用 ill 這個字便可以合併 sick 與 nausea 這兩個字的特定含意。相反的，如果是美

國樣本就不會像英國人一樣去區分是「疾病」還是「與健康有關的議題」之間敘述的差別。甚至就算在美國本土之間，同樣的措辭也會有不同的含意。例如在美國南部鄉下「bad blood」有時候被當作是性病的委婉說法；然而在其他鄉下這個字代表仇視與敵意。如果有個問項提到「親戚之間的 bad blood」對美國南部鄉下的樣本以及其他的樣本都有不同的含意。有時候這種差別是十分令人驚訝的。

這種樣本無代表性是第二種類型，將會產生十分嚴重的後果。其產生的潛在結構（指項目間的共變模式，在量表信度的議題上非常主要）也許只是所測試樣本的語言癖性而已。如果研究者有理由相信問項間所代表的含意，在發展樣本中可能不是典型的，那麼在解釋樣本獲得的一些發現時，便要相當小心。

步驟 7：評估問項

在建立原始的問項群，並使用適當大小且具代表性的樣本施測之後，便是評估個別問項表現的時候了。這樣便可以區分出合適的問項，進而組成量表。在很多方面這是量表發展中核心的過程：評估問項，其重要性也許僅次於問項的發展。

問項表現的基本檢查

　　當討論到問項發展，指的是「我們希望量表問項所達到的某些特質」。思考這個議題：尋找一個問項最後決定是否採用的特質是：這個問項與潛在變項的真實分數之間是否具有高度的相關，這緊跟在第 3 章信度的討論之後。我們無法直接擁有真實的分數（如果我們可以直接得到，可能就不需要量表了）、無法直接計算出問項間的相關，我們可以基於以下所討論的正式測量模式做一個推論。在第 2 章討論平行測試時，筆者曾表示：任何兩問項間的關係，等於問項與真實分數之間的相關平方。這個平方值是每個問項的信度，所以我們可以從問項間的相關程度看出問項與真實分數之間的關係。問項間相關越高，個別問項的信度便越高（換句話說，它們與真實分數之間的關係就越親近）。問項的信度越高，則量表整體的信度便越高（假定它們共同承擔一個一般性的潛在變項）。所以我們尋找一組量表問項，第一個要求的特質就是：問項間彼此要有高度的內在相關。決定問項間內在相關的一個方法就是檢視它們的共變矩陣。

倒轉分數（reverse scoring）

　　如果某問項與其他問項是負相關，那麼便要考慮倒轉這些問項的分數。我們在製作問項時要盡量讓各個問項份量等重，但這些問項有時是正面陳述句、有時是負面陳述，

例如:「我很快樂」或「我很悲傷」。它們是相對的,如果我們希望量表在測量快樂時有較高的分數,那麼必須將陳述快樂面的問項歸於高分,而悲傷面向的問項則歸於低分。也就是說,我們會將有關悲傷問項的分數倒轉過來。問項設計有時會運用一種方式,就是將問項回答格式中的分數都倒轉好。例如:要求受訪者圈選高數值來標示有關快樂問項的同意度;用低數值來評估有關悲傷的問項。藉選項中使用不同描述詞的方法來達成這樣的目的(例如:「強烈不同意」、「不同意」等等)。所有問項的選項排列順序都一樣。但是每個選項所代表的號碼,其順逆的次序是依照這個問項所代表的正負面向。例如:

1. 我常常感到悲傷

6	5	4	3	2	1
很不同意	不同意	有點不同意	有點同意	同意	很同意

2. 大部分的時間我感到快樂

1	2	3	4	5	6
很不同意	不同意	有點不同意	有點同意	同意	很同意

　這樣的排列可能會困擾受訪者,在了解所有問項的選項都相同之後,受訪者可能就會忽略這些數字的順序。然而最怕的是受訪者可能傾向於偏愛勾選某個選項、某個順

位的描述詞（例如：從「很同意」到「很不同意」由左自右，不管是順向或是已經倒轉分數的問項）。另外一種方法是，選項包含正負兩面的描述詞，所有的問項均使用相同的選項和對應數字。但是在資料過錄時，特定問項（負向的問項）會過錄不同的數值。過錄時對特定問項（負面的）改變過錄碼是件很沉悶的工作，同時又容易出錯。每一個受訪者，每一個需要轉換的問項都要花費心思去轉換，這將會使出錯的機會大為提升。

轉換分數最簡單的方法便是在資料完全輸入電腦之後，用電腦做一次的轉換。一些電腦的程式可以處理所有受訪者的資料。如果選項使用數字作代表，而我們想要轉換的是數值的先後順序，那麼使用簡單的電腦程式便可以做得到。例如有一組關於情緒的問項，格式化成利氏量表法格式，以 1 到 7 來表示同意程度，分數越高表示越同意。進一步假設為了讓受訪者容易了解，不論正、負情緒問項都用相同的選項格式。如果用高分來代表正面情緒的問項，那麼這個量表基本上是正面的情緒量表。評估正面情緒的問項應該產生高分；評估負面情緒的問項應該產生低分。所以對所有負面情緒的問項而言，回答 7 應該轉為分數 1，6 應該轉為分數 2，等等……。這種轉換可以用下面的公式將舊分數轉為新分數：新分數=（J+1）-舊分數，J 是原始分數的選項數。在上面的例子中，J=7，則（J+1）=8，用 8 減去原始分數 7 等於分數 1。用 8 減去原始分數 6 等於分數 2，以下類推。

有些負相關的問項經過分數轉換之後，可能還是會不

正確。例如：特定問項經過分數轉換後，可能會限制某些負相關出現，但卻助長了另一部分的負相關。這通常表示這些問項不單純只是附屬於其他問項，因爲它們與其他問項產生不一致性的相關。在同性質的問項組中，如果一個問項與量表中部分的問項呈現正相關，又與其他問項產生負相關。在倒轉分數的模式之後又無法排除這些負相關，那麼應該要將這樣的問項排除。

單項相關（item-scale correlation）

如果我們要達到一組高度相關的問項組，那麼每個問項必須跟量表中剩下的其他問項集合具有潛在的相關性。我們可以計算每個問項的單項相關來檢視這個問項的特質。單項相關可分爲兩種：修正型單項相關（corrected item-correlation），是被評估問項與量表中剩下的其他問項之間（不包括被評估的這個問項本身）的相關數值。非修正型單項相關（uncorrected item-correlation）是評估問項與整組問項（包括這個被評估的問項本身）之間的相關數值。如果現在量表中有十個問項須加以考慮，那麼每個問項的修正型單項相關便是此問項與其他九個問項之間的相關；非修正型單項相關則是此問項與包括它自己本身在內十個問項的相關程度。理論上，非修正型單項相關告訴我們這個問項在整個量表中多具有代表性。就好比說 IQ 這個次量表與整個測量問卷之間有多麼相關，以此來決定這個 IQ 次量表適不適合做「智能」這個特性的代表。雖然非修正性

單項相關有較清楚的概念含意，但事實上將要評估的問項包含在量表之中，可能會膨脹這個問項與整體量表的相關程度。量表中的問項越少，包含問項與不包含問項來做相關的差異性會越大。一般而言，我們建議去檢視這個問項的修正型單項相關。在這種指標下得到高分的問項將比得到低分的問項更值得我們採用。

問項變異數（item variances）

另外一個評價問項的特質便是：相對的高變異數。舉個極端的例子，如果所有的受訪者對同一問項的答案都一致，我們將無法分辨在這個測量的向度上人群之間的差異層級，則這個問項的變異數變為零。相反的，如果發展量表的樣本是變異的，則這個問項所包含的分數範圍也應該是變異的，這隱含著相當高的變異性。

問項平均數（item means）

問項平均數是靠近某一屬性可能範圍的中點，也是我們想要的問項特質。比方說，每個問項選項 1 代表「非常贊成」，7 代表「非常不贊成」，則問項的平均數靠近 4 才是理想的平均數。如果平均數落在選項範圍的兩端之一，則這個問項便無法偵測出此架構的特定數值。比方說，問項平均數落在數值 7 上，可能表示這個問項的措辭不夠強烈（換句話說，鮮少有人會反對這個問項）。

一般而言，平均數靠近選項兩端之一的問項，會有低的變異數。這些在狹小範圍中變異的問項與其他問項的相關性也會較低。就像前面所說的，變異不大的問項跟其他問項也不會產生共變。不論什麼原因造成問項擁有不對稱的平均數（不位於中央）或低度變異，這些都會傾向於降低此問項與其他問項的相關程度。結果，通常你可以集中心力在問項間的相關模式上，以此作為評估問項潛在價值的度量衡。細查問項的平均數與變異數可作為有效的第二次檢視，尤其是當兩個問項都具有同樣相關程度的基礎上時，可作為選擇標準。

α 係數

量表特質中最重要的指標之一便是問項的 α 值——信賴係數。實際上我們先前討論的所有問項的問題，都有可能降低 α 值。例如非趨中的問項平均數、低變異性、問項間負相關、單項相關低、弱的項目間相關等等。因此在選擇我們要的問項之後（除去不好的並保留好的），α 是評估此問項有多麼成功的一個方法。α 是量表分數變異比例的指標，也就是問項分數代表所測量屬性真實分數的程度。計算 α 值有很多選擇，之間的差異是來自電腦軟體層級的不同。有些電腦套裝軟體有單項分析程式可以計算 α 值。在 SPSS-X 軟體中，信度程式可以為整個量表計算 α，並對所有可能的 k-1 個狀況計算 α 值（k 代表問項數，換句話說，k-1 為其中一個問項移走時所有可能的組成數）。這個

程式也提供修正型單項相關與非修正型單項相關的計算。SAS-PC（6.03 版）中將 α 的計算當作是相關統計程式的屬性之一。包含在 PROC CORR 敘述中的 α 選項程式，會將列在 VAR 敘述中的變項當作一個量表，計算出整組問項的 α 值，以及所有可能 k-1 問項組合的 α 值，同時也提供單項相關。現在的電腦主機 SAS 版沒有包含 α 的選擇程式。在這樣的例子中，計算 α 的最簡單方法也許可以從建立一個新的變項開始，用此變項總加所有的單一量表問項（這些問項要經過適當的分數轉換）。然後你可以用 PROC MEANS 來產生每個問項的標準差以及代表整個量表的這個新變項的標準差。這個值再加上問項數 k，便可以帶入以共變異數為基礎的 α 公式（在第 3 章提到過）：

$$\alpha = \frac{k}{k-1}\left(1 - \frac{\sum \sigma_i^2}{\sigma_{yi}^2}\right)$$

你也可以用 PROC CORR 來產生共變矩陣，矩陣中對角線值的總和等於公式右手邊的分子；而共變矩陣中所有數值的總和等於分母。假若您沒有電腦統計軟體可以直接提供 α 值，那麼由共變矩陣計算 α 值的好處是：你可以很容易地決定去除某一問項所產生的效應。要決定除去某一問項所帶來的效應，只要畫一條線通過矩陣中對應此問項的欄和列（例如刪除第三個變項，那麼便在第三欄和第三列畫線）。然後你可以藉著加總對角線上的值，減去線上

所刪掉的值，計算出分子；加總矩陣中所有數值，但是不包括被刪除的欄位，以此計算出分母。當然，你可以簡單的剔除幾個問項，並同時剔除這些問項所在的欄與列，用矩陣中剩下來的數值來計算 α。

　　計算 α 最後一個選擇是用 Spearman-Brown 公式，在第 3 章介紹過。這個公式使用的變項資訊是由相關矩陣而來，並不是由共變矩陣為基礎來計算 α。這個方法的缺點是，相關是標準化的共變異數，而標準化一個問項可能會影響 α 值。如果問項強烈附屬於一個平行測試的模式，那麼這種情形就不要緊。因為在這樣的情況下，我們假定相關會相等。然而實際上它們永遠不會精確相等。基本的 t 等量測試模型（tau-equivalent tests model）不需要問項間有相等的相關，只需要有相等的共變數。所以在這樣的模式下，每個問項所導致誤差的變異數比例，是可以任意的變動的。但是因為 Spearman-Brown 公式事實上是用問項間相關的平均來運作，所以也有問題（t 等量模式的一個意涵是：每個問項的單項相關都相等）。此外，由共變異數作基礎計算出來的 α 與相關作基礎計算出來的 α 之間，會有一些小差異，有時候甚至會差別很大。因為共變矩陣用的是資料的原始形式（還沒有標準化），這種用法較為大家所偏愛並普遍使用。

　　理論上來說，α 值由 0 到 1，雖然不可能出現 0 或 1 這兩個端點的值。如果 α 值是負的，那麼計算的過程中必定有一些錯誤，可能是問項間有負相關或負共變（如果有這樣的情況發生，設法倒轉此問項的分數或是刪除此問項，

像這章先前提到過的一樣）。Nunnally（1978）建議 α =.70 是一個較低、但還可以接受的的量表邊界值，已出版的量表中 α 值低於.70 的並非不常見。不同的方法論學者與研究者對不同等級的 α 值感到不安，但筆者個人認為一個研究量表較適當的範圍如下：α 值低於.60 完全不接受；0.60-0.65 之間最好不要；0.65-0.70 是最小接受值；0.70-0.80 相當好；0.80-0.90 非常好；0.90 以上可能要考慮刪減量表（請看下一節）。在這裡強調，這是個人主觀的 α 值適合群。筆者無法用嚴格的理性觀點來反駁。但是它反映出我個人的經驗，並且似乎潛在涵蓋了其他研究者的評價。筆者建議這些數值是應用在穩定的 α 值上。在發展量表的過程中，直接或間接地選擇問項都是以它們在 α 值上的貢獻為基礎的。問項間的某些明顯共變，部分是導因於機率，因此在發展量表的階段，最好盡量讓 α 值比你想要的還要高一些。之後如果量表真正用在新研究的脈絡中，α 略為降低時，這個量表依舊還是可以被高度接受。就像先前所提的一樣，如果發展樣本小的話，研究者應該特別注意在發展量表時所獲得的原始 α 估計值可能不會很穩定。就像我們所看到的，當構成量表的問項數太少時，也會有同樣的問題產生。

　　當我們在發展一個要求極其精確的量表時，便無法使用剛剛建議的 α 值適當範圍。臨床上的實驗便是一個例子。我們在書中建議的大方向，適合於用來檢驗群體資料的研究工具。例如一個 α 值為 0.85 的量表可能非常適合當作相同的測量構念，來作為比較幾個群體之間相同面向的差異研究。在人格特質上，特別是根據這個特質上要做重大決

定時，便需要更高的標準。凡傾向為個體診斷、作為受雇參考、學術地位的衡量、以及其他重要的目的做測量的量表，應該使用較高的信度，例如 0.95 左右。

在某個情況下，只有一個問項構成的量表就不可能用 α 值當作信度的指標。如果可能的話，需要作一些信度的測試，再測相關可能是單項量表的唯一選擇。雖然，這個信度的指標，就像第 3 章所說的，不是很完美。但是，總是比完全沒有信度測試的好。如果可能的話，較好的選擇是，以多於一個的問項來組合成量表。

步驟 8：選擇量表長度

量表長度對信度的影響

在量表發展過程的這個階段，研究者有個問項群，而且已經證明了可接受的信度。影響量表 α 值有兩個特性：問項間的共變範圍與量表中的問項數。增加那些單項相關約等於平均項目間相關的問項（換句話說，這些問項是非常典型的），將會增加 α 值，除去這類問項 α 值則會降低。一般而言，短一點的量表比較好，因為它們不會造成受訪者的負擔。相反的，長量表的好處是它們傾向於較具有信度極大化問項其中一個特性，明顯的將會降低另一項特性。

因此量表發展者應該在信度與量表簡短性上做一個選擇。如果量表的信度太低，量表簡短並沒有用。受訪者的確希望回答三到十個問項的量表，然而如果研究者無法從如此狹小的視界中對所得到的分數做任何有意義的分配，那麼我們將不會獲得任何助益。因此量表簡明與信度的衡量應該限制在一種情形下：就是研究者有較高的信度可以揮霍，用來簡化量表。事實上如果這個量表的信度真的很高，便可能適合在減低一些信度的情況下，設計一個較短的量表。

除去壞問項所造成的效應

　　除去一個不好的問項，事實上會造成 α 值的增加還是輕微地減少，這有賴於這個被刪除的問項有多麼糟糕，還有這個量表有多少個問項。我們可以比較增加或降低一個好問項所產生的效應——換句話說，即用它們的對應量表來比較相關的程度。量表本身的問項數越少，增加或減少一個問項所產生的 α 值變化就會越大。如果四個問項的平均項目間相關是 0.50，則 α 值是 0.80。如果量表現在只有三個問項，平均項目間相關同樣是 0.50，則 α 值會滑落至 0.75。在同樣平均相關之下，如果增加到五個問項，則 α 會變爲 0.83。如果是九、十、十一個問項的量表，各自的 α 便會是：0.90、0.91、0.92。在前面的例子中，隨著問項數的增加 α 值不只會升高，而且彼此的數值還會越來越接近（例如：同樣差一個問項，0.70 與 0.83 之間差 0.13；0.91 與 0.92 之間只差 0.09）。

刪除一個與其他問項相關平均低很多的問項，α 值便會上升；如果增加一個問項，它與其他問項的相關近似於平均項目間相關（相等、稍高或稍低），則 α 值會上升。我前面提到過，一個四問項量表，平均項目間相關為 0.50 時會獲得 0.80 的 α 值。如果要去除其中一個問項，那麼它與其他三個問項間的平均相關值要多低，對於提升 α 值來說才會有幫助，而不會降低 α 值。首先思考一下，對三問項量表而言，平均項目間相關要多少才能使 α 值達到 0.80？依照公式它可能需要 0.57 的平均項目間相關。限制問項中最低相關的問項值之後，剩下的三個問項需要達到 0.57 的平均項目間相關，才能使量表 α 值保持在 0.80。剩下的三個問項中，如果有平均項目間相關低於 0.57 的問項，會使 α 降得比四問項量表、平均項目間相關為 0.50 時還要低。假設四問項量表中最好的三個問項其平均項目間相關有 0.50，為了增加 α 值，剩下的第四個問項（也就是最差的那一個）和其他三個問項間的平均項目間相關，至少必須低於 0.43。如果有三問項，項目間平均相關是 0.57，並且有一個問項與其他三個問項的平均相關是 0.43，則整體四項目的平均項目間相關為 0.50。為了任何大於 0.43 的值，我們寧可有第四個問項，也不要降低平均的項目間相關。因此，這個「不好」的問項必須與其他三個問項有明顯的差異才值得刪除（0.57-0.43=0.14）。

　　現在讓我們設想有十個問項的量表，α 值為 0.80 的情況。首先，平均項目間相關只需要 0.29，因為問項多彼此互補，互相抵銷了項目間的低相關。如果九問項量表 α 值

要達到 0.80，則平均的項目間相關便需要大約 0.31。一個所謂「壞」的問項，它與其他九個問項間的平均相關值要低於 0.20 以下。這樣，作為第十個問項，結果才會將整個平均項目間相關值拉至低於 0.29。如果無法使平均項目間相關拉到 0.29 這個數值以下，便會產生「僅加入問項便導致 α 值上升」的效應。在這個例子中，好問項與這個「壞」問項平均項目間相關差異為 0.31-0.20=0.11，小於剛剛所說的四問項量表的例子。

斟酌量表長度

實際上如何對量表的長度作考量呢？很明顯地，至少第一個要考慮的便是：問項對整個量表內部一致性的貢獻有多少？以此來作為刪除問項的標準，這可由數種方法得知：SPSS-X 信度程序以及 SAS-PC 中 PROC CORR 的 α 選項程式，都可以顯示去除每個問項將會對整個量表的 α 值產生什麼效應。刪除它會對 α 會產生最小的負面效應或者產生最大的正面影響的問項，最好第一個刪除掉。單項相關可以用來作為每個問項會消耗多少 α 值的測定計。第一便是要刪除最低單項相關的問項。SPSS-X 也提供每一個問項的複相關平方，用此問項與其他剩下的問項做迴歸來獲得。這是問項共同性（communality）的估計，看看問項與其他問項共享的變異領域範圍有多大。如同單項相關，複相關平方最低值的問項，基本上都可以刪除。一般而言，這些各式各樣的問項特性指標會趨於相同。有較差單項相

關的問項典型的會伴隨著較低的複相關平方。而當我們將這個問項排除時，α值會降低一些甚至增加。量表的長度影響到α值的精確性。實際上，α值是信度的估計指標，它有賴於實際資料的測量假設的適當性。大家已經注意到了，除非這些問項相當的差，否則當問項增加時，α值也會增加。此外，隨著問項數目的增加，α值作為信度指標的信賴度也會上升。這意涵著由長量表所計算出來的α值，將會比短問卷的α值有較小的信賴區間。經過施測之後，長量表會比短量表產生較多相似的α值。在發展量表時，我們應該考慮這樣的事實，來決定量表的長度。

最後，重要的是要記住：在嘗試選擇量表長度時，α值的完全邊界值要先建立出來。因為量表真正施測在樣本時，有時會不知所由地比發展量表時的數值來得低。

折半樣本（split samples）

如果發展樣本時夠大，可以折成兩個次樣本。一個可以當作基本的發展量表樣本，另一個可以用來發現交互效度。例如，從第一個次樣本中得出的資料可以計算出α值，評估問項的好壞，斟酌量表的長度，以及最後達到一個最適的量表版本。然後用第二個次樣本來重複測試這些發現。考慮是否保留問項的選擇當然不是完全取決於第二個樣本。所以α值和其他針對這個樣本群體所計算出來的統計指標，不會呈現機率效應。我們先前所討論過的，像是α值的膨脹。如果α值在兩個次樣本間都相當一致，則你可

以較適當的認為這些值不是因為機率的緣故才產生的。當然，這兩個次樣本可能比兩個完全不同的樣本來的相似些。由整個發展樣本中隨機分派產生的次樣本，可能可以代表相同的母群。相反的，一個完全新的樣本可能會代表稍微不同的母群。而且在資料蒐集的階段時，兩個次樣本是不分開的。然而，發展樣本與完全獨立樣本之間，幾乎任何時候都是獨立分開的。

進一步來說，資料蒐集時一次樣本受到的任何特殊條件，另一個次樣本也會受到相同的待遇。這些特殊條件包括暴露在特定的研究成員下、物理的配置和問卷影印的清晰度等等。而且，這兩個次樣本也可能是兩個團體一起完成量表的問項（從一開始原始問項群中的問項甚至包括最後被駁斥的問項）。如果這些被斥拒的問項會產生任何影響量表問項答案的效應，我們也可以從這兩個次樣本互相比較中看出來。儘管次樣本結果十分相似，藉由折半發展樣本來重複測試，這樣對量表的穩定度提供了有價值的資訊。這兩個次樣本最主要的差異在於：在第一個次樣本的案例中，以它的資料作選擇問項的基礎，可能會產生不穩定的機率，機率因素會困擾問項間的信賴共變數。而第二個次樣本在信度上就不會產生如此系統性歸因的機率了，因為它的資料不會影響問項的選擇。這之間關鍵性的差異可以作為評估折半樣本所提供訊息的充分理由。拆開一個夠大的樣本，最明顯的方法就是拆成一半。然而，如果樣本太小，無法產生夠大的一半時，你可以做不等分的分開。越大的次樣本可以用較重大的問項評估過程、量表結構以

及產生較小的交互效應。

練 習

　　假設你正在發展有關「蛇類恐懼」的測驗，使用利氏量表的六個選項格式，並有三百個受訪者。雖然事實上，量表發展希望有較多的問項，但是請針對下面的問題回答：

- 產生一個十問項利氏格式的問項群。
- 針對你所寫的每個問項，個別估計一般人（換句話說，既不是蛇類恐懼者，也不是熱愛蛇類者）會給每題的利氏量表值爲何？
- 從問項群中挑出，你認爲一般人可能會有極端答案的題目，將它重寫，以得到較中間的答案。
- 產生另外十個利氏問項，其構念有異於「蛇類恐懼」，將它們與原本十個問項隨機混合。要求一些朋友指出，它們認爲每個問項傾向要測量什麼。
- 用「蛇類恐懼」的問項或是在另外的架構下你所建立的第二個十問項群，直接寫出可觀察的行爲，用來確認量表測量的效度。建構並解釋你如何使用這些行爲資料來證明量表的效度。
- 如果「　蛇類恐懼」十問項的平均項目間相關爲 0.30，那麼整個量表的 α 值爲何？[1]

■ 你如何使用折半樣本來估計，並且交叉測試量表的 α 係數？

附註

---

[1]第 6 題，$\alpha = [10 \times 0.30] / [1+9 \times 0.30)] = 0.81$。

6

因素分析的策略

　　當在討論可以被用來描述量表問項對潛在變項關係的不同理論模型時（請看第 2 章），我們曾經簡略地提到一般因素模型。這個模型並未假定在問項之間的所有共變來源只來自於一個潛在變項，相對的，此模型允許多個潛在變項作為一問項組變異的原因。

　　要闡釋多個潛在變項如何構成一組問項的基礎，我們將用一個特定、假設的情境來描述。很多對像我們一般的社會科學家而言，有趣的理論構念能在多重的層次中被操弄，像心理調適（psychological adjustment）、情緒（mood）、負面感情（negative affect）、焦慮（anxiety）和測驗焦慮（test anxiety）這些項目，便是這種層級現象的最好例證。每一個名詞都會包含其後的所有名詞，而在每一個特殊的層次中發展出測量也是可能的。一般而言，不同的措辭與用字，使得問項能夠適切地掌握這個連續體的特殊的、介

乎其中的或一般的層次。

　　要讓這個例子更明確一些，我們可用一組有二十五個和情感有關的問項為例。我們所在意的是這些問項是否能組成一個或多個量表。也許所有的問項都可歸於同一類，或者，它們可以分為幾個代表不同情緒的量表，例如憂鬱、愉快、敵意、焦慮等等感覺。或許更好的作法是，將這些問項區分為正向情感問項和負面情感問項（例如，在憂鬱中的「快樂」相對於「悲傷」和在焦慮中的「緊張」相對於「平靜」）兩種不同的量表。而我們如何能知道什麼是最好的作法呢？基本上，主要的問題在於：一組測驗數個不同情緒陳述的問項，是臣屬於一個或多個潛在變項呢？

　　如果只用前面幾章所談的方法要解答這些問題似乎是不太夠的。我們可以計算整組情緒問項的 α 值，α 值會告訴我們一些有關問項有多少共同的變異，如果 α 值很低的話，我們可以找出問項中彼此相關程度較高的次組來。例如，我們會懷疑正向情感和負面情感問項兩者之間不太相關，而將它們混合起來會使 α 值降低，而一些比較具同質性問項的次組（所有的正向情感問項或所有的負面情感問項）的 α 值應該比較高。我們因此推測如有同質性更高的次組（例如，除了將問項分為正面和負面情感之外，還可區分為焦慮和憂鬱）應該會得到更高的 α 值。但是，我們同時也會擔心，這些比較特殊和同質性較高的量表彼此之間，應該有很強的相關，因為它們都是來自於測量相同的情緒問項，只不過是其中不同的面向罷了，而此狀況建議它們的問項應屬於同一個而非不同的量表。

量表發展：理論與應用

在此必須強調的是：一個相當高的 α 值並不保證所有的問項都能反映一個單一潛在變項的影響，如果一個量表包含有二十五個問項，十二個反映原來的一個潛在變項，而其餘的十三個問項則是反映原來的另一個潛在變項，那麼所有問項的相關矩陣應該有些值較高而有些值較低。根據代表原來相同的潛在變項的兩個問項的相關係數應該較高，而根據原來受不同潛在變項所影響的問項間的相關係數應該相對地較低。但是，問項間的相關係數的平均應該是高到可以產生二十五個問項量表足夠的 α 值（例如，只需要.14 就可以產生一個.80 的 α 值）。

本章的主題：因素分析（factor analysis），是可用以告訴我們有關一個量表重要特質的有用的分析工具，而這是信度係數所無法做到的。因素分析可以幫助我們決定經驗上有多少個構念，或潛在變項或一組問項有多少個因素。

因素分析的回顧

因素分析有幾個彼此相關的要旨，其中的一個基本功能是能幫助研究者決定一組問項（或其他的變項）可構成幾個潛在變項。因此，在二十五個情感問項的例子中，因素分析可幫助研究者決定是否一個範圍較廣的構念或是需要多幾個特殊的構念來區分這些問項間不同的特質。跟隨著第一個要旨而來的第二個要旨則是：提供相對少數的幾

個新近創造的變項（也就是因素）以解釋在相對多數的原始變項之間（例如二十五個問項）變異的工具。這相當於將資訊濃縮，所以變異便能用較少數目的變項來說明，例如，不需要用二十五個分數來描述受訪者如何回答問項，根據混合的問項，只計算較少的分數（有時甚至只用一個分數）也是可能的。第三個要旨是：對能說明一個較大的問項組之間變異的因素（也就是潛在變項）實質的內容或意義，給予切確的定義。這可經由確認彼此共變，且看起來其定義有完整意義的潛在變項的問項群來完成。如果由二十五個情感問項的分析而合併成兩個因素，那麼組成這些因素組群的個別問項，便能提供一個由因素所代表的基本潛在變項之線索。

以下的幾節中將會呈現因素分析的概念性的總結，讀者如果想要看更完整的對因素分析的討論，應該參考以此為主題的教科書，如 Cureton，1983；Gorsuch，1983；Harman，1976 或 McDonald，1984。

從共變數矩陣開始

一般的分析，典型是由建立一個共變數（或相關係數）矩陣以供給因素分析程式的資料開始，此矩陣是由對角線元素的個別問項變異數（或在相關矩陣的情況下都是 1）和對角線之外元素的所有成對問項間的共變數（或相關係數）所組成的。根據所使用的因素分析種類，對角線上的值可能是簡單的變異數（或 1）或是調整誤差後的估計值。讓我

們假設所使用的是未經調整的值，回想一下我們前面所討論的共變數矩陣，可以區分問項間的總變異爲共同分享的變異（共變數）的部分，和單獨（變異數）的部分。一個共變數矩陣中共同和單獨的元素能以圖來表示，一個顯示二十五個問項的圖將會非常難以解釋，所以讓我們將之簡化。在圖 6.1 中，三個問項，由 A、B 和 C 的方格所代表，而它們彼此之間的共變數是由重疊的區域來表示，其中斜線的部分則表示由所有三個問項所共享的共變，而劃上點的區域則代表兩兩問項之間的共變，沒有做記號的部分是個別問項的單獨、未與其他問項共享的部分。回想共變數矩陣，在我們的圖中沒有記號的部分應該可歸爲在矩陣中對角線上的問項變異，而不是任何一個對角線之外的共變數。因爲點和斜線兩個區域都代表共享的變異，它們則相當於共變數矩陣中對角線之外元素的資訊。

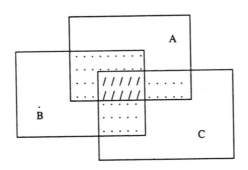

圖 6.1　三個假設問項共享的共變

因素選取

　　因素選取的過程包括確認能以數學來說明問項間共變的類型的假設潛在變項（因素），用前面所討論的圖作例子，基本上因素分析的程式會試著去定義一個能說明圖中陰影部分的數學本體（也就是因素）。它首先確認斜線的區域，這部分是所有三個問項共同的，因而預設其來自於一個共同的潛在變項或因素。這斜線區域很可能吸引因素分析程式的注意力，因為至少在某種程度上，所有三個問項都能被一個和其相應的因素所解釋。三個問項中沒有一個是和這區域不相關的，從這方面來看，一個相關於斜線區域的因素，在經驗上能最佳地解釋所有問項組之間的變異。基本上，一個相當於斜線區域的因素，會是一個假設的潛在變項，這潛在變項假定會導致在圖中由斜線部分所描述的三個問項間的共變。它對問項的關係和任何潛在變項對其所影響的問項間的關係是相同的，其路徑圖將看起來像任何單一潛在變項和三個問項的路徑圖：

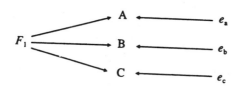

　　從 F_1 對問項的路徑會有一些值（標準化的路徑係數），這些值的乘積會等於問項之間的相關係數，因此，從 F_1 到 A 和從 F_1 到 B 的路徑的乘積，等於 A 和 B 之間的相關係數。

如果將斜線區域從重疊方格的圖中移走，則仍有問項間共同的變異存在（也就是點區域），因素分析程式會試著去定義另一個根據其餘變項間重疊部分的因素，或共變。在此情形下，代表 A 和 B 重疊部分的陰影的區域，看起來能說明其餘陰影區域的相當大的部分，因此，第二個因素可被定義爲能解釋相當於這個區域的共變的數學本質。要注意的是，這個減去被第一個因素移去的斜線部分所剩的陰影區域是不和 C 重疊的。這意味著第二個因素在解釋包括問項 C 的共變時，並不是很好，但是卻能解釋問項 A 和 B 之間的某些共變。

　　這種兩個因素的路徑圖應該看起來如下：

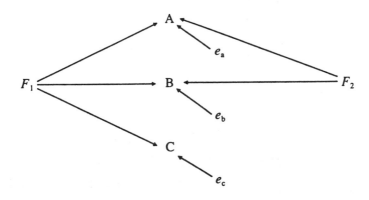

　　在這圖中指出因素 1（F_1）是所有三個問項 A、B 和 C 變異的原因，因素 2（F_2）是 A 和 B 問項間而非 C 問項變異的原因。除了這些因素之外，每一個問項有一個誤差的來源，或說是單獨的變異，即是用於說明本例的方格圖中沒有陰影的部分。如果這是真正因素分析的解答，程式會

指定一些值給從因素到問項的路徑，這些便稱爲因素負荷（factor loading），而這會代表每一原始問項和其關聯因素之間的相關程度。每一個因素負荷會是從一個因素到一個問項間路徑的標準化係數。和前面一樣，連接問項的路徑值的乘積，等於這些問項間的相關。但是，對每一個相關，現在有兩條路需要考慮，一條包括每一個因素。例如，A和B之間的相關會等於從 F_1 到 A 和 B 的路徑的乘積。

事實上，從因素 2 到問項 C 的值是不太可能完全等於零，因此，也許有人會認爲應該將從因素 2 到問項 C 的路徑包括在上圖中，即使其值可能非常接近零。

要注意的是，到目前爲止的因素是沒有意義的，一般任何因素分析在此階段時都是這種情形，因素只不過是爲了解釋問項間的共變的數學上的方便。數學上和概念上的不同因素和問項有不同的關係，應已經隨時可討論了。

選取的標準

第一個因素選出來之後是否還有其他的因素要被選取出來，必須根據使用什麼樣的因素分析方法而定。因素分析能幫助量表發展者，量化整個問項組能被增加連續的因素所說明的總變異程度。在理想上，我們會想要萃選出所有的初級因素（primary factors）——也就是可說明問項間重要共變的因素。一般來說，問項中的某些部分將不會真實地代表想研究的潛在變項，這是因爲隨機或相對微小的非隨機共變的來源，被我們忽略之故。例如，不重要但是

可察覺的共變，假定是因為疲倦，可能存在於問卷接近結束時的問項中。我們或許喜歡將這些次級因素（secondary factors）當成誤差，因為它們也許是無法解釋或是不太重要的因素。

實際上，初級和次級因素之間的劃分，也許不像我們所想像的那麼清楚，其中之一，變異的「不相關」來源或許比我們所認為的更有關係，如果它們在問項間的共變總量佔了很大的部分的話。例如，如果疲倦是決定問項是怎樣被回答的一個主要的影響的話，我們很可能會想知道該問題，而且很可能量化該問題。另一方面，我們可能甚至無法稱之為有特性但重要性卻小的因素，而其解釋性也可能幾近於零。保留這個因素可能是不經濟的，因為它增加我們對研究對象的了解即使有的話也是很有限的。

因此，我們如何決定那些因素值得注意，而那些因素應該被略過呢？要解決從一個資料組中該選取多少的因素的議題，有幾個不同的途徑。最常用的是根據一既定數目的因素能解釋變異的總量（也就是所有問項的集體變異）能有多好，因為因素分析運作的方式，連續的因素比其之前緊臨的因素解釋了逐漸減量的變異。分析中確認出第一個因素的分析方法是最重要的（也就是解釋了最多的共變），而第二個被確認出來的是次重要的因素，以下以此類推。訣竅是在於決定在那一點該停，選擇是在於以下兩項考慮之間。其一是以較簡單的因素結構，讓你用盡可能較少的因素來說明原始問項的共變，另一則是能夠好好解釋原始問項組總變異中的絕大部分。兩者之間，後者意指

較多的因素，而前者則是意指較少的因素。

有一些已經發展出來的標準，可以協助我們決定需要多少個因素被萃選出來，但本書空間有限不允許我們對每一種方法多做討論，讀者應參考前面所引用之標準因素分析的參考書籍，以獲得較詳細有關使用這些標準的途徑。但是，有兩個廣泛被使用的標準將會在以下的段落中簡單地討論。

Kaiser 的特徵值規則（eigenvalue rule）（例如 Nunnally, 1978）基本上是根據：只保留比能被原始問項中之一的平均解釋量能解釋更多的變異因素，（直接地說，這對特徵值規則的解釋只應用在一種稱為「主成分」（principal components）的因素上。但是，它仍能在其他類型的因素中被一樣地應用）。在 Kaiser 的方法背後的邏輯是：如果最差的因素比一個原始的問項能解釋更多的變異，那它便能達到某種程度的濃縮（也就是說，用一組比原始問項數目還少的因素來解釋變異的能力）。如果一個或更多個因素比一個問項事實上能解釋的變異更少，那保留這些因素並沒有任何作用。

Cattell（1966）的陡坡考驗法（scree test）是另一種被廣泛用到的因素選取的標準，這個名稱是根據山崩之後在山底下蒐集類似瓦礫而堆在一起，稱為石礫堆（scree）而來的，將產生於因過度選取而得相對無意義的因素與之類比。Cattell 建議畫出每一個連續因素所能解釋的變異量的圖，一個石礫圖包括一相當於特徵值的垂直軸和一個相當於連續因素的水平軸，而劃在這兩個軸上的數字記號則指

出每一個因素的相對特徵值。因為每一個因素比其之前的
因素所解釋的變異較少，因此一條想像的線連接這些連續
因素的記號一般會從圖的左上方劃到右下方（請看圖 6.2）。

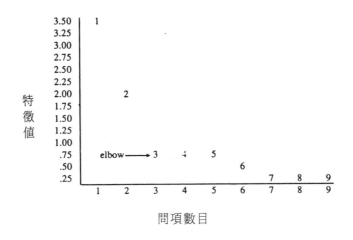

圖 6.2　有明顯轉肘點的石礫圖

　　如果有一個點，在其下的因素只解釋了相對地非常少
的變異，而其上的因素則解釋了大部分的變異，那這通常
是在圖中出現了「轉肘點」（elbow）（在圖 6.2 中標示為
「3」的點），這個圖和山坡側面有某些類似之處，在轉肘
點之下的部分（在圖 6.2 中的因素 3 到因素 9）相當於所累
積的碎石堆或石礫堆。Cattell 的標準，保留轉肘點以上的
因素（在本例中的前兩個因素）並拒絕其下的因素。這樣
相當於保留在整組原始問項中對變異的解釋貢獻最大的因
素。但很不幸的，有些石礫圖（scree plot）並沒有像我們

想要的一樣（如圖 6.3）有如此明顯的轉肘點，因此，這個
選擇要保留多少個因素的標準是有幾分主觀的。

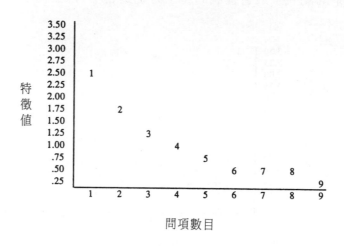

圖 6.3　無明顯轉肘點的石礫圖

　　Kaiser 和 Cattell 兩者的標準都是根據因素特徵值的大
小而決定的，這是一種表達因素可以解釋多少變異的方式。
Zwick 和 Velicer（1986）檢視不同選取因素標準的效用，
為了要做此檢視，他們根據一個真實的預先決定好了的因
素結構以「製造」一組資料。他們確切地知道潛在變項的
真實分數為何，因為他們是建立其所需的資料組而不是從
受試主體上蒐集資料。大多數的電腦套裝軟體並沒有某些
非常特殊的技術以指出有多少個因素須萃選出來，而許多
研究者已察覺到特徵值規則一般會導致太多因素被萃選出
來。在已經能夠被使用和較容易使用的方法中，石礫圖的

檢驗已經是能運用的相當順利的可能性。雖然這個方法仍不是十分的完美，而且明顯地不如某些較不能馬上使用的其他方法，但是它提供了決定從一資料組中有多少個因素要被萃選出來的一個可接受的起點。

決定在一組資料中須有多少個潛在變項的標準，和因而有多少個因素要被萃選出來，此兩者很明顯是有幫助的。但是，這個萃選過程大部分時候是一種藝術，而經驗並不是一項有價值的指導方針。結果，因素的意義或可解釋性乃成為提供大約多少個因素需要被保留的重要線索。

因素旋轉

在此當某個數目的因素已經根據一些保留因素的標準從共變數矩陣被選取出來時，先前所列舉的三個因素分析目標之中的兩個已經達到了。例如，在我們三個問項的假設例子中，我們已經決定要選取多少個潛在變項（兩個），而且已經達到關於原始問項組的縮減（雖然在本例中並沒有縮減的很多）。在早先我曾經說過：這些因素僅僅是任意、假設和數學上的方便。如果因素是任意的，我們如何能知曉有關作為問項基礎的潛在變項之本質呢？為了要完成這第三個目的，因素分析通常做一種因素旋轉（factor rotation），這個過程包括考慮不同的因素組，而其在數學上和原先的因素在原始問項中定義共變是一樣好的，只是它們所提供給研究者的是不同的概念。

因素旋轉的一個目標是找出一組任意的因素，而這組

因素以趨近簡單結構（simple structure）來提供問項之間關係最清楚的概念圖，如果每一個原始問項相關於一個，而且只相關於一個因素的話，於是便可獲得簡單結構。如果每一個問項在所有的這一個因素的因素負荷都是零的話，結果便會如此。因此，根據有多少個因素已經被萃選出來，原始問項的一個次組只會和因素 1 相關聯，而另一次組只會和因素 2 相關聯，以下以此類推。這是有用的概念，因為它使得決定每一個因素所代表的潛在變項是什麼變得非常容易。

因素分析和旋轉的空間類推

要澄清旋轉能如何賦予意義給任一因素，讓我們看一個簡單的空間例子，這例子包括一張畫有一棟建築中平面設計的圓形紙，讓我們假設此樓層設計是包括一條兩側都有教室的長走廊的學校。因為此設計圖是兩度空間的，我們可以在平面設計圖中畫兩條互相垂直的軸，並且定義這兩條軸的座標。這相關於平面設計圖的兩條軸的朝向是不相關的，在設計圖的任何位置（例如，在建築中任何房間的位置）能由每一軸的單位而加以指出來。除了提供描繪不同的房間之間的空間關係一個參考架構之外，此二軸先天上是沒有意義的，但是，將軸以某些特殊的方式重新轉向或許是有用的。例如，讓一軸（稱其為縱軸）和建築物的長廊平行會導致此軸上的值和房間號碼之間的對應，而此項動作則賦予先前無意義的軸某些相當於建築如何陳設

的訊息內涵，垂直的軸（橫軸）則會橫過此建築，從建築一側的窗戶穿過長廊到達另一側的窗戶，這以靠近窗戶或長廊被老師或學生用來指出在一個房間中的位置也是「有意義的」。在橫軸上的值可找出靠近左側窗戶、靠近長廊或是靠近右側窗戶的一個點。另一方面，軸是朝南北和東西也許是有用的，再一次，這會給原先無意義的參考軸予以意義。除非長廊恰巧落於此主要圖方位之一，參考軸的這兩個的取向將會不同。在每一個例子中，軸會有某些外在現象（不是建築陳設就是羅盤指向）的意義，但是意義是不同的，那一個較適宜，要根據設計圖想要怎麼用，如果設計圖是用於設計防火訓練，則長廊的走向似乎是最好的。例如，逃生路徑應描述為沿著橫軸移動到主長廊，然後沿著縱軸移動到一個出口。如果樓層設計圖是用來決定接收太陽熱度的程度，則圖方位的取向會比較適宜，例如，向南的窗戶在冷天不用遮陽，而在熱天需遮陽。在這兩個例子中，旋轉一組任意的參考軸會賦予它們「真實世界」的例子，而不會改變它們作為對一個座標系統以描述平面設計圖任何點的基礎的用處。

　　這種對軸有意義的空間指示的關係，是和問項對因素的關係當獲得簡單結構時相似的。以簡單結構而言，一組相似的問項（類同於房間）和一單一面向（縱軸）的值是高度相關的，而和另餘的面向（橫軸）的值是不相關的。第二個同類群問項（類同於靠近窗戶相對於靠近長廊的位置）是獨立於第一個因素（類同於縱軸）的值，但和第二個因素（橫軸）的值則是高度相關的。

從我們空間的例子中，另一點值得注意的是，畫在平面設計圖上的這兩條軸是互相平行的，這意味著在其中一軸上的位置並不能由其在另一軸的位置所推斷出來。換句話說，即在其中某一軸的值和在另一軸的值之間是相互獨立的，兩軸之間並沒有重覆的部分，如果你知道一個物件在其中一軸的相關位置，想知道其相對於另外一軸的值會是全新的資訊。知道一個特定學生的書桌在距離長廊之下多遠的位置，並無法告訴你這書桌是多靠近窗戶。在旋轉的過程中，各個因素之間保持相互垂直（也就是統計上地獨立）會導致垂直因素（orthogonal factors），當如此做之時，一個問項在任一既定因素的真實值是獨立於其在另任一已被萃選出因素的真實值。知道一個問項在一個因素的值無法告訴你有關它在任何其他因素的值為何，當因素旋轉之後，除非分析者明確地做其他的選擇之外，因素的獨立性是確保的。

　　另一種方式是這些因素可以被旋轉，而沒有勉強要它們保持垂直，所以相當於每一個連續因素的軸是最適宜的，這稱為傾角轉軸（oblique rotation）。因為垂直因素是統計上獨立的，所以它們有傾斜因素所沒有的簡潔和端正。例如，在學校平面設計圖的例子中，一個點相關於橫面因素的資訊和其根據縱軸所獲得的資訊是完全不重覆的。在某些情形下，能夠將軸準確地放在想要的位置，可以取代想要垂直因素的簡潔性。例如，如果有一個敘述學校中的位置相關於沿著長廊和沿著南北軸位置的特殊理由，那便可以使用這兩個非垂直的參考因素。任何在平面設計圖中的

點，仍能以此兩軸的值來描述，但是，某些重覆部分可能存在。例如，由長廊向下移動或朝南移動，兩者可能都使你靠近前門。因素分析的教科書（例如，Cureton, 1983; Gorsuch, 1983; Harman, 1976; McDonald, 1984）提供了範圍更廣泛有關如何選擇和進行垂直相對於傾角轉軸的處理方式。

在量表發展時使用因素分析

有一個例子應該可以使得查閱一個石礫圖和檢視旋轉後因素的負荷比較不那麼地抽象。我和一些同事（DeVellin, DeVellin, Blanchard, Klotz, Luchok & Voyce, 1990）發展了一個評量有關父母相信誰或什麼在影響其子女健康的量表。雖然完整的量表有三十個問項來評量幾個面向，在這裡我只討論其中十二個問項：

1. 我有能力影響我的子女的福祉。
2. 我的子女是否能避免受傷，只不過和運氣有關罷了。
3. 在決定我子女的健康程度時，運氣扮演了一個重要的部分。
4. 我能做很多事以避免我的子女受到傷害。
5. 我能做很多事以避免我的子女生病。
6. 我的子女是否能避免生病，只不過和運氣有關。

7. 我在家裡和我的子女所做的事，是我子女的福祉中重要的部分。
8. 我子女的安全操之在我。
9. 我可以做很多來幫助我的子女維持幸福。
10. 我子女的健康大部分是好運。
11. 我可以做很多來幫助我的子女強壯和健康。
12. 我的子女是否能維持健康或生病，都是命中注定的。

　　這些問項對三百九十六個父母親施測，而所獲得的資料用因素分析來分析，因素分析的第一個目標是決定這些問項之下有多少個因素。用 SAS-PC 來進行因素分析，因而一個石礫圖是必要的。圖 6.4 即是和 SAS 所列印出的報表結果相類似的石礫圖。要注意的是，在圖上出現十二個因素（即和問項的數目一樣），但是，其中只有兩個位於圖中前面的部分，而其餘的因素則散布於底部，這結果強烈的建議這兩個因素解釋了問項中大部分的變異。

　　要決定要保留多少個因素，我們重新跑了一次電腦程式，並聲明只保留二個因素和需要最大變異法旋轉（varimax rotation），用最大變異法的名稱是因為它將平方負荷（即問項和因素間的相關）的變異增加到最大的限度，它也是最常見的直角轉軸的方法（在前面所引介的因素分析參考書中有討論到一些用其他標準的替代旋轉方法）。既然我們無法趨近於簡單結構，我們可以用斜角轉軸來改善問項和因素之間的適合性。但是。在本例中，較簡單的垂直旋轉產生了較有意義的問項群和顯著又清楚的負荷值。

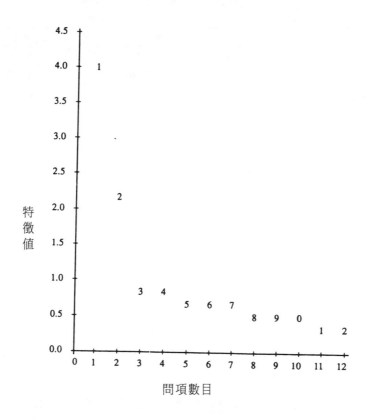

圖 6.4　項目因素分析的石礫圖

　　從表 6.1 所獲得的因素負荷是很明顯的，每一行包括了
一個特定問項在兩個因素中的負荷，在 SAS 中有一可能的
選擇是重新排列表中問項的順序，使其能將對某一因素有
較高負荷的問項集中在一起。

表 6.1　旋轉後的因素型態

	因素 1	因素 2
問項 9	*0.78612*	-0.22093
問項 11	*0.74807*	-0.18546
問項 4	*0.71880*	-0.02282
問項 5	*0.65897*	-0.15802
問項 7	*0.65814*	0.01909
問項 1	*0.59749*	-0.15053
問項 8	*0.51857*	-0.07419
問項 6	-0.09218	*0.82181*
問項 10	-0.10873	*0.78587*
問項 3	-0.07773	*0.75370*
問項 12	-0.17298	*0.73783*
問項 2	-0.11609	*0.63583*

　　在這個表中，因素負荷大於 0.50 者用斜體字來表示，每一個因素都是由主要負荷在其上的問項所定義（也就是那些負荷值是斜體的問項），由參考這些問項的內涵，研究者可以辨識出每一因素所代表的潛在變項的本質。在本例中，所有強烈負荷在因素 1 的問項主要是關於對其子女是否能維持安全和健康的影響。另一方面，那些主要負荷在因素 2 的問項則是有關子女健康是命中注定或是運氣的影響。

　　這兩組同性質的問項組能更進一步的加以檢視，例如，每一群問項皆可計算其 α 值，使用 SAS-PC 計算此問項群的 α 值產生了表 6.2 和表 6.3 的結果。

量表發展：理論與應用

表 6.2　Cronbach 係數 α

| 刪除變項 | 全部原始變項：0.796472 | | 全部標準化變項：0.802006 | |
| | 原始變項 | | 標準化變項 | |
	與全部之相關	α	與全部之相關	α
問項 9	0.675583	0.741489	0.676138	0.749666
問項 11	0.646645	0.748916	0.644648	0.755695
問項 5	0.545751	0.770329	0.535924	0.775939
問項 4	0.562833	0.763252	0.572530	0.769222
問項 7	0.466433	0.782509	0.474390	0.787007
問項 8	0.409650	0.793925	0.404512	0.799245
問項 1	0.437088	0.785718	0.440404	0.793003

表 6.3　Cronbach 係數 α

| 刪除變項 | 全部原始變項：0.811162 | | 全部標準化變項：0.811781 | |
| | 原始變項 | | 標準化變項 | |
	與全部之相關	α	與全部之相關	α
問項 6	0.684085	0.748385	0.682663	0.749534
問項 3	0.596210	0.775578	0.594180	0.776819
問項 10	0.636829	0.762590	0.639360	0.763036
問項 12	0.593667	0.776669	0.592234	0.777405
問項 2	0.491460	0.806544	0.493448	0.806449

　　這兩個量表都有可接受的 α 信度係數，要注意 SAS-PC
CORR 的步驟對未標準化和標準化的問項計算其 α 值，標準
化問項的計算即等於用相關係數為本的 α 公式，對這兩個
量表而言，這兩種計算 α 值的方法產生非常類似的值。同
時要注意對任何一個量表而言，去掉任何一個問項都不會

使 α 值增加，去掉一個問項（例如將問項 8 從量表 1 中去掉，和將問項 2 從量表 2 中去掉）所獲得的 α 值和由完全量表所獲得的 α 值是一樣多的。但是，保留這些問項提供了一點點額外的保障，那就是在一個新的樣本中信度將不會掉到低於可接受的程度，而也不會很明顯地增加量表的長度。

　　一般到此時，在量表發展時能應用量表的注意事項，也可以應用到因素分析所獲得的量表。例如，用一獨立的樣本以重複量表的信度是非常重要的。而事實上，在一獨立的樣本中重複整個因素分析的過程，以說明所獲得的結果，並不是一次偶然產生的結果，也許是非常有用的。

樣本大小

　　一個因素結構複製的可能性，至少部分是用在原始分析的樣本大小的一個函數，一般來說，從一個以較大的樣本為本的因素分析所出現的因素組型（factor pattern），比一個只用較小樣本為本的因素分析所出現的因素組型，將會來得較穩定。不可避免地，這時產生了一個問題，「多大的樣本才算是夠大呢？」這是一個很難回答的問題。和很多其他統計步驟一樣，受訪對象的相對（亦即用以分析的變項數目）和絕對數目兩者都應加以考量，進行因素分析的問項數目越多和預期的因素數目越多的話，則分析中應包括越多的受訪對象。根據這個事實，試圖尋找受訪對象與問項的標準比率。但是，就如同樣本逐漸增大時，受

訪對象對問項的比率能安心的相對減少。對一有二十個問項的因素分析而言，一百個受訪對象很可能會太少，但對一個有九十個問項的因素分析，四百個受訪者可能是適當的。Tinsley 和 Tinsley（1987）建議每一個問項大約五到十個受訪對象的比率，到三百個受訪對象。他們建議當樣本大到三百個時，這比率便不是那麼重要了。在同一篇文章中，他們引用另一組由 Comrey（1973）所提的標準是，一百個樣本被歸為不良、二百個為普通、三百個為良好、五百個為非常好、而一千個樣本則是極佳。最近，Comrey（1988）敘述在大部分做少於四十個問項的初始因素分析的時候，樣本大小為二百是適當的。在量表發展時根據大於中等的樣本（例如一百五十個受訪者）來做因素分析其實是很常見的，但是，較大的樣本能增加以因素分析方法所獲得結論的推論性。當然，如能將一個因素分析的解答重覆用在另一不同的樣本上，則也許是在證明其推論性的最好方法。

因素分析和效度

因素分析方法也能被用於量表的效度評估上，例如，從新量表取得的問項，可和已建立的量表問項放在一起進行因素分析，以測量相同或不同的構念。如果從新量表取得的問項，與測量不同構念的已建立量表所取得的問項，負荷在不同的因素時，這將提供區別效度（discriminant validity）的證據。相反的，如果從新量表取得的問項和從

某一構念的已建立量表所取得的問項，都負荷在相同的因素上時，這將是輻合效度（convergent validity）的證明。即始沒有一些已建立的量表和新的量表問項一起進行因素分析，因素分析仍能提供效度的訊息，例如，如果因素分析之前參與的問項群就已確定，那麼因素分析解答和這些問項群一致的話，便是因素效度（factorial validity）的證明（Comrey, 1988）。

要知道因素分析所告訴我們有關問項組所測定的潛在變項是非常重要的，但我們不需要知道假定這些問項組在操弄的概念。因此這回到前面一點我們所提的例子，一個因素分析使二十五個情感問項產生三個因素，這並不是在說明情感本質的本身，這僅僅告訴我們在一特定的問項組中存在著什麼樣的經驗關係；也就是說，它指涉的是構念的操作化，而不必然是和構念本身。

確認性因素分析

從我們所討論的大部分因素分析方法中，已經從定義因素的任務提升到因素分析程式了，但是，在量表發展的內容中，我們對有關我們認為問項所測定的因素為何，已經有一個很清楚的概念。預先假定好，問項原來是寫來或被選來獲取特定的潛在變項。如果我們小心地使用前面所描述的方法而發展出一大群問項，為什麼我們需要因素分

析來告訴我們這些問項有些什麼共同點呢？這個問題至少有兩個答案，第一，我們可以想要確認問項所測之潛在變項的數目，和我們所期望的數目是一致的。第二，如同在因素效度討論時所建議：如果當在創構這些問項時，因素分析明確地發現我們所想要的問項群時，我們非常確認，對我們先前所做，關於這些問項應彼此相關的假設。在本質上，因素分析已被用來確認一個期望的因素結構，而不是決定從來都不知道的結構。

　　有另一個更是明確地確認性的因素分析策略，這個技術包括了說明問項應聚集在一起作為潛在變項的指標的一個前提。在這種類型的分析中，當提供資料作為因素分析，以及程式提供了真實的資料和指定的因素組型一致的程度的一個指標時，研究者確知所需的因素結構。用在這種確認性因素分析類型的方法和傳統的因素分析方法不同，而且通常需要特殊的電腦程式。Long（1983）非常詳盡地討論了確認性的因素分析，確認的步驟是確實有用的。但是，要注意的是，一個量表發展者能在心中知道那些問項應放在一起，而不需將這資訊設計入分析中（也就是，沒有使用正式的確認方法）。因素分析所取得的問項群仍能和先前的問項群做一比較，而且這只需要我們這一整章在討論的傳統的（即是非確認性的）因素分析方法。更進一步來說，以傳統因素分析的方法發現，問項一如所猜想的集合在一起，對研究者來說應該是更能認定的。因為這分析不是被用來期望獲得一特定的類型，相對的，而是發現其本身所期望的類型。

結論

對其他量表發展的步驟來說，因素分析方法是一非常重要的連結。在決定有多少個因素時又是特別的有用。同時，對決定一組問項所測定的是多少潛在變項也有其用處。它們同時能幫助研究者決定，是否潛在變項在解釋問項的變異與其所預期的不同，因素分析也能幫助確認可能有問題的問項，雖然在第 5 章中所討論的其他方法，例如問項量表相關和問項在歸納或推論係數 α 的效用，也應當被正式使用。

在本書中所檢視的因素分析離完備仍有一大段距離，當然，很多很重要但並沒有討論到的議題要在這裡做推論是不適當的，讀者如想要更進一步學習有關因素分析除了本章前面所引用的資料外，可參考以下數個資訊。Nunnally（1978）提供了對因素分析非常有用的介紹，包括對如何只用一個掌上計算機以矩心方法（centroid method）來選取因素，雖然從無數的電腦套裝程式的觀點看來，可能是過時了，但卻仍是發展實際的熟悉因素分析方法非常好的方式。Tinsley 和 Tinsley（1987）寫了一篇簡短但具高度資訊性的論文，這篇文章提供了對因素分析概念的總覽。另外，由 Kim 和 Mueller（1978a, 1978b）提供對這主題很詳盡的介紹。Comrey（1988）則有一篇論文，適合對因素分析認識不多的讀者，此論文特別討論了因素分析在量表發展上的應用。以上的每一項參考資源都包括了很多更深入的教

科書和論文的參考書目。

練習

- 如果研究者懷疑有一大組問項測定一個以上的潛在變項，為什麼計算整個問項組的 α 值是會有問題的？
- 因素分析會濃縮什麼樣的資訊？
- 一個問項和一個因素之間的相關稱為什麼？
- 對一連串成功被選取出的因素而言，每一個因素所能解釋之原始問項的總變異在因素間的關係為何？
- 初級和次級因素有什麼不同？
- 如何用一個石礫圖來決定多少個因素要被保留？
- 請舉出十個問項，其可分別歸於兩個因素的因素組型表的例子。
- 直角與斜角的因素旋轉兩種方法之間的基本差異為何？
- 請解釋因素效度的意義。

7

更廣研究範圍的測量

　　在本書的第 1 章中即已設定了其後所舉的一些何時和
為何提出測量議題的例子，討論在測量中理論所扮演的角
色和省略測量步驟的錯誤等等。基本上，稍後的章節中，
將焦點轉移到特定的議題之前，它約略的描繪了較大的研
究範圍，而在本章中將回到較大的研究範圍中，並且簡略
的看看在一個較大的研究領域中的量表。

　　在重新檢視較廣的研究範圍時，筆者強調一些特別的
議題，測量則和各種不同的研究議題相互穿插。先是討論
這些所有的交叉議題，即使只是浮面地，很容易便可填完
成一本書，但是，於此我將提出一些當研究者的注意力從
量表的發展轉到了量表的使用時，也應一直謹記這些類別
議題的例子。

　　為了使討論更具體些，讓我們回到第 1 章中所提到的
市場銷售組的例子。他們相信，父母對子女的期望，強烈

地影響他們購買看起來較具教育性質的玩具的決定。假定研究者們已經發展出來一種量表，而且合理地確認其能正確地測量父母的期望，更進一步假定研究者們已經有一清楚的了解：這些期望和購買決定之間的相關爲何，那他們應該如何使用這些量表呢？

量表施測之前

　　研究者們必須決定量表施測的方式。例如，他們可以考慮將量表用於訪談的一部分，而不是作爲一份印好的問卷。確認一個量表是由填答方式和以口語對談方式來測量有非常不同的特質，是很重要的。例如，如果父母們必須大聲的回答訪員的問題，會比較不願意表現較高的期望，相反的如果是圈選式的問題則比較願意表達其期望（想要使用訪談問卷的研究者應該參考 Dillman，1987；Lavrakas，1987 和 Fowler & Mangione，1989）。一般來說，將一個新量表的實測方式限制於量表發展期間所用的方法，是較明智的作法，G-研究可以用於決定此量表在不同施測方式的概推性（請看第 6 章）。

　　另一個重要的議題是量表的前後脈絡，在量表之前將會是什麼樣的問題？而這些問題將會如何影響對量表的回答？Nunnally（1978, p.627-677）稱爲脈絡因素（contextual factors）如回答方式、疲倦和動機爲意外變項（contingent variable），他同時也指出這些變項會在三方面影響研究品質：（a）減少量表的信度；（b）建立可信的變異來源而非所想要研究的構念，因此降低量表的效度；和（c）改變變項之間的關係。例如：使它們看起來比它們實際上有更高的相關。如同意外變項如何操作的例子，在應用於市場研究的例子中必須考慮情緒誘導和認知形式。例如如果市場研究者決定在和期望量表相同的問卷中包含一個憂鬱和自尊的量表，前者可能是要注意的議題。測量這些（和其他）構念的量表，通常包含表達一個人較負面自我的問項。例如，Rosenberg 自尊量表（Rosenberg, 1965）包含如下列這樣的問項：「我覺得我沒有太多可以自傲的。」（就如同問項表達正面的自我評價）一個研究者如未具有對潛在情緒誘導的敏感性，則可能會選擇一連串限於自我批評的問項，以完成一新近發展的量表。讀到這一連串表達一個人自我的負面評價的陳述，可能會誘導出自我貶抑的狀態，而這和以正面的自我評價陳述會導致其後的問題有不同的回答（例如 Rholes, Riskind & Lane, 1987），這可能有 Nunnally 所提的三種影響中的任一項。據此，在使用情感上較負面的問項時，期望的問項可能對受訪者而言有不太相同的意義，因此會降低潛在變項在這些問項上的變異比例。或者，在一些情況下，某些期望量表的問項，可能會被誘導情緒的陳述所影響，而這會使得量表受多重因素影響，並且會降低其測量父母親期望的效度。最後，受訪者的情緒，影響他們對期待問項回答的程度，這個量表的分數可能和其他與情緒有關的測量有很高的人為相關。

認知組合是這種現象的更為一般化的例子，也就是說，除了情緒之外，某些歸因歷程會以將受訪者的注意力集中於某一特別的主題的方式引發。例如，在量表之前的問項主要是有關受訪者的收入、住家的價值和他們每年花多少錢在各種不同的消費類別上，這可以創造一個暫時改變其對子女期望的心向。結果，對量表的回答可能只是反映出暫時的狀況。和情緒因素一樣，此認知形式會因模糊了量表想要測量之父母的期望，而影響量表的信度和效度。

量表施測之後

在量表施測於實際研究問題之後，浮現出一組非常不同的議題，在此時，基本的關注應是對此一工具所產生資料的分析和解釋。

分析的議題

在資料分析時，一個重要的議題是：對具有不同量表特性的變項，在不同技術之下的適當性。在本書中強烈主張的理論觀點和所用的方法應該產生，適用於各種不同的資料分析方法的量表。雖然，直接地說，用利氏問項或語意歧異回答方式的項目，也許是順序尺度，但是根據累積的經驗，比較支持等距尺度的分析方法。Nunnally（1978）

「十分相信，將大多數心理學與其他行為科學的測量方法以等距尺度來處理，是可行的」，他並且認為「在行為科學中將量表以等距尺度來處理的應用數學和統計分析方法，並沒有什麼大礙（p.17）。」但是，什麼樣的方法最適合什麼類型的資料的問題，絕對會在社會科學的領域中持續且激烈的被爭論著。也許最實用的途徑是追隨（和順應）和個人所感興趣的議題之流行觀點。對目前來說，和 Nunnally 所提的類似的途徑，看起來影響著大部分的行為科學研究者。

解釋的議題

假定研究者對新近發展的量表已有一合適的分析計劃，那剩下來的問題便是該如何去解釋了。有一點要注意的是：量表的效度不是完全建立在量表發展期間而已，有效性是累積的、持續進行的過程。特別是，如果結果顯示很強烈反直覺或是反理論的，研究者必須考慮量表對特定研究是無效的可能性。也許，量表的效度能推論至不同的母體、組織、特殊的施測或其他面向，是有限的，例如，在假設的父母的期望測量的例子中，也許已經在相當裕的母體中發展出來了，然而其應用在資源缺乏的個人上，則其效度是不可接受的，這也許是無法接受的。任何根據有限制的使用的量所得出的結論都應考慮到以下幾點：（a）其目前的應用和其原先發展時的效度有何不同；（b）這些差異會限制量表效度可能；和（c）這些限制對目前的研究

的涵意。

最後的想法

　　對社會和行為研究來說測量是非常重要的，小心謹慎的設計、評估和應用測量量表，能使研究者專注於原先欲求要研究的（通常是可觀察的）變項，並且能發展出對這些變項之間關係的清楚了解。另一方面，不良的測量使得研究蒙上了一層模糊的面紗。而不良的測量所創造的不確定，能逐漸侵蝕原來受到完美的設計和執行的研究。從這個角度來看，伴隨著嚴密的測量的努力結果，是會獲得很大報酬的。

參考書目

Ajzen, I., & Fishbein, M. (1980). *Understanding attitudes and predicting behavior.* Englewood Cliffs, NJ: Prentice-Hall.

Allen, M. J., & Yen, W. M. (1979). *Introduction to measurement theory.* Monterey: Brooks/Cole.

Anastasi, A. (1968). *Psychological testing* (3rd ed.).New York: Macmillan.

Asher, H. B. (1983). *Causal modeling* (2nd ed.). Sage University Paper Series on Quantitative Application in the Social Sciences, Series No. 07-003. Beverly Hills, CA: Sage.

Barnette, W. L. (1976). *Readings in psychological tests and measurements* (3rd. ed.). Baltimore: Williams & Wilkins.

Blalock, S. J., DeVellis, R. F., Brown, G. K., & Wallston, K. A. (1989). Validity of the Center for Epidemiological Studies Depression scale in arthritis populations. *Arthritis and Rheumatism, 32,* 991-997.

Bohrnstedt, G. W. (1969). A quick method for determining the reliability and validity of multiple-item scales. *American Sociological Review, 34,* 542-548.

Bollen, K. A. (1989). *Structural equations with latent variables.* New York: John Wiley.

Campbell, D. T., & Fiske, D. W. (1959). Convergent and discriminant validation by the multitrait-multimethod matrix. *Psychological Bulletin, 56,* 81-105.

Carmines, E. G., & McIver, J. P. (1981). Analyzing models with unobserved variables: Analysis of covariance structures. In G. W. Bohrnstedt and E. F. Borgatta (Eds.), *Social measurement: Current issues* (pp. 65-115). Beverly Hills, CA: Sage.

Cattell, R. B. (1966). The scree test for the number of factors. *Multivariate Behavioral Research, 1,* 245-276.

Comrey, A. L. (1973). *A first course in factor analysis.* New York: Academic Press.

Comrey, A. L. (1988). Factor analytic methods of scale development in personality and clinical psychology. *Journal of Consulting and Clinical Psychology, 56,* 754-761.

Converse, J. M., & Presser, S. (1986). *Survey Questions: Handcrafting the standardized questionnaire.* Sage University Paper Series on Quantitative Application in the Social Sciences, Series No. 07-063. Beverly Hills, CA: Sage.

Crocker, L., & Algina, J. (1986). *Introduction to classical and modern test theory.* New York: Holt, Rinehart & Winston.

Cronbach, L. J. (1951). Coefficient alpha and the internal structure of tests. *Psychometrika, 16,* 297-334.

Cronbach, L. J., Gleser, G. C., Nanda, H., & Rajaratnam, N. (1972). *Dependability of behavioral measurements: Theory of generalizability for scores and profiles.* New York: John Wiley.

Cronbach, L. J., & Meehl, P. E. (1955). Construct validity in psychological tests. *Psychological Bulletin, 52,* 281-302.

Cureton, E. E. (1983). *Factor analysis: An applied approach.* Hillsdale, NJ: Lawrence Erlbaum.

Dale, F., & Chall, J. E. (1948). A formula for predicting readability: Instructions. *Education Research Bulletin, 27,* 37-54.

DeVellis, R. F., DeVellis, B. M., Blanchard, L. W., Klotz, M. L., Luchok, K., & Voyce, C. (1990). *Development and validation of the Parent Health Locus of Control (PHLOC) scales.* Unpublished manuscript, University of North Carolina at Chapel Hill.

DeVellis, R. F., DeVellis, B. M., Revicki, D. A., Lurie, S. J., Runyan, D. K., & Bristol, M. M. (1985). Development and validation of the child improvement locus of control (CILC) scales. *Journal of Social and Clinical Psychology, 3,* 307-324.

DeVellis, R. F., Holt, K., Renner, B. R., Blalock, S. J., Blanchard, L. W., Cook, H. L., Klotz, M. L., Mikow, V., & Harring, K. (1990). The relationship of social comparison to rheumatoid arthritis symptoms and affect. *Basic and Applied Social Psychology, 11,* 1-18.

Dillman, D. A. (1978). *Mail and telephone surveys: The total design method.* New York: Wiley-Interscience.

Duncan, O. D. (1975). *Introduction to structural equation models.* New York: Academic Press.

Duncan, O. D. (1984). *Notes on social measurement: Historical and critical.* New York: Russell Sage.

Festinger, L. (1954). A theory of social comparison processes. *Human Relations, 7,* 117-140.

Fowler, F. J. (1988). *Survey research methods.* Beverly Hills, CA: Sage.

Fowler, F. J., & Mangione, T. W. (1989). *Standardized survey interviewing.* Beverly Hills, CA: Sage.

Fry, E. (1977). Fry's readability graph: Clarifications, validity, and extension to level 17. *Journal of Reading, 21,* 249.

Gerrity, M. S., DeVellis, R. F., & Earp, J. A. (1990). Physicians' reactions to uncertainty in patient care: A new measure and new insights. *Medical Care, 28,* 724-736.

Ghiselli, E. E., Campbell, J. P., & Zedeck, S. (1981). *Measurement theory for the behavioral sciences.* San Francisco: Freeman.

Gorsuch, R. L. (1983). *Factor analysis.* Hillsdale, NJ: Lawrence Erlbaum.

Harman, H. H. (1976). *Modern factor analysis.* Chicago: University of Chicago Press.

Hathaway, S. R., & McKinley, J. C. (1967). *Minnesota Multiphasic Personality Inventory: Manual for administration and scoring.* New York: Psychological Corporation.

Hathaway, S. R., & Meehl, P. E. (1951). *An atlas for the clinical use of the MMPI.* Minneapolis: University of Minnesota Press.

Jöreskog, K. G. (1971). Simultaneous factor analysis in several populations. *Psychometrika, 36,* 109-134.

Kelly, J. R., & McGrath, J. E. (1988). *On time and method.* Beverly Hills, CA: Sage.

Kenny, D. A. (1979). "Correlation and causality. New York: John Wiley.

Kim, J., & Mueller, C. W. (1978a). *Introduction to factor analysis: What it is and how to do it.* Sage University Paper Series on Quantitative Applications in the Social Sciences, Series No. 07-013. Beverly Hills, CA: Sage.

Kim, J., & Mueller, C. W. (1978b). *Factor analysis: Statistical methods and practical issues.* Sage University Paper Series on Quantitative Applications in the Social Sciences, Series No. 07-014. Beverly Hills, CA: Sage.

Lavrakas, P. J. (1987). *Telephone survey methods*. Beverly Hills, CA: Sage.

Levenson, H. (1973). Multidimensional locus of control in psychiatric patients. *Journal of Consulting and Clinical Psychology, 41*, 397-404.

Lipsey, M. W. (1990). *Design sensitivity: Statistical power for experimental research*. Beverly Hills, CA: Sage.

Long, J. S. (1983). *Confirmatory factor analysis*. Sage University Paper Series on Quantitative Applications in the Social Sciences, Series No. 07-033. Beverly Hills, CA: Sage.

Lord, F. M., & Novick, M. R. (1968). *Statistical theories of mental test scores*. Reading, MA: Addison-Wesley.

Mayer, J. M. (1978). Assessment of depression. In M. P. McReynolds (Ed.), *Advances in psychological assessment* (Vol. 4, pp. 358-425). San Francisco: Jossey-Bass.

McDonald, R. P. (1984). *Factor analysis and related methods*. Hillsdale, NJ: Lawrence Erlbaum.

Mitchell, S. K. (1979). Interobserver agreement, reliability, and generalizability of data collected in observational studies. *Psychological Bulletin, 86*, 376-390.

Myers, J. L. (1979). *Fundamentals of experimental design* (3rd ed.). Boston: Allyn & Bacon.

Namboodiri, K. (1984). *Matrix algebra: An introduction*. Sage University Paper Series on Quantitative Applications in the Social Sciences, Series No. 07-028. Beverly Hills, CA: Sage.

Narens, L., & Luce, R. D. (1986). Measurement: The theory of numerical assignments. *Psychological Bulletin, 99*, 166-180.

Nunnally, J. C. (1978). *Psychometric theory* (2nd ed.). New York: McGraw-Hill.

Osgood, C. E., & Tannenbaum, P. H. (1955). The principle of congruence in the prediction of attitude change. *Psychological Bulletin, 62*, 42-55.

Radloff, L. (1977). The CES-D scale: A self-report depression scale for research in the general population. *Applied Psychological Measurement, 1*, 385-401.

Reiser, M. (1981). Latent trait modeling of attitude items. In G. W. Bohrnstedt and E. F. Borgatta (Eds.), *Social measurement: Current issues* (pp. 117-144). Beverly Hills, CA: Sage.

Rholes, W. S., Riskind, J. H., & Lane, J. W. (1987). Emotional states and memory biases: Effects of cognitive priming and mood. *Journal of Personality and Social Psychology, 52*, 91-99.

Rosenberg, M. (1965). *Society and the adolescent self-image*. Princeton, NJ: Princeton University Press.

Rotter, J. B. (1966). Generalized expectancies for internal vs external control of reinforcement. *Psychological Monographs, 80* (1, Whole No. 609).

Spielberger, C. D., Gorsuch, R. L., & Lushene, R. E. (1970). *State-trait anxiety inventory (STAI) test manual for form X*. Palo Alto, CA: Consulting Psychologist Press.

Strahan, R., & Gerbasi, K. (1972). Short, homogenous version of the Marlowe-Crowne Social Desirability Scale. *Journal of Clinical Psychology, 28*, 191-193.

Tinsley, H. E. A., & Tinsley, D. J. (1987). Uses of factor analysis in counseling psychology research. *Journal of Counseling Psychology, 34*, 414-424.

Wallston, B. S., Alagna, S. W., DeVellis, B. M., & DeVellis, R. F. (1983). Social support and physical health. *Health Psychology, 2*, 367-391.

Wallston, K. A., Wallston, B. S., & DeVellis, R. (1978). Development and validation of the multidimensional health locus of control (MHLC) scales. *Health Education Monographs, 6*, 161-170.

Zuckerman, M. (1983). The distinction between trait and state scales is not arbitrary: Comment on Allen and Potkay's "On the arbitrary distinction between traits and states." *Journal of Personality and Social Psychology, 44,* 1083-1086.

Zwick, W. R., & Velicer, W. F. (1986). Comparison of five rules for determining the number of components to retain. *Psychological Bulletin, 99,* 432-442.

索引

A

B

C

量表發展：理論與應用

R

S

關於作者

Robert F. DeVellis 教授，畢業於麻州大學，專攻心理學，之後獲得 Connecticut College 的臨床心理學研究碩士、Peabody College 的社會心理學博士。任教於多所大學，當他還是研究生時，曾與 Ken、Barbara Wallston 共事，研究 multidimensional Health Locus of Control 量表，除從事研究外，他一直致力於量表的發展，是此一領域的權威學者之一。

弘智文化事業出版品一覽表

弘智文化事業有限公司的使命是：
出版優質的教科書與增長智慧的軟性書。

心理學 系列叢書

1. 《社會心理學》
2. 《金錢心理學》
3. 《教學心理學》
4. 《健康心理學》
5. 《心理學：適應環境的心靈》

社會學 系列叢書

1. 《社會學：全球觀點》
2. 《教育社會學》

社會心理學 系列叢書

1. 《社會心理學》
2. 《金錢心理學》

教育學程 系列叢書

1. 《教學心理學》
2. 《教育社會學》
3. 《教育哲學》
4. 《教育概論》
5. 《教育人類學》

心理諮商與心理衛生系列叢書

1. 《生涯諮商：理論與實務》
2. 《追求未來與過去：從來不知道我還有其他的選擇》
3. 《夢想的殿堂：大學生完全手冊》
4. 《健康心理學》
5. 《問題關係解盤：專家不希望你看的書》
6. 《人生的三個框框：如何掙脫它們的束縛》
7. 《自己的創傷自己醫：上班族的職場規劃》
8. 《忙人的親子遊戲》

生涯規劃系列叢書

1. 《人生的三個框框：如何掙脫它們的束縛》
2. 《自己的創傷自己醫：上班族的職場規劃》
3. 《享受退休》

How To 系列叢書

1. 《心靈塑身》
2. 《享受退休》
3. 《遠離吵架》
4. 《擁抱性福》
5. 《協助過動兒》
6. 《迎接第二春》
7. 《照顧年老的雙親》
8. 《找出生活的方向》
9. 《在壓力中找力量》
10. 《不睹其實很容易》
11. 《愛情不靠邱比特》

企業管理 系列叢書

1. 《生產與作業管理》
2. 《企業管理個案與概論》
3. 《管理概論》
4. 《管理心理學：平衡演出》
5. 《行銷管理：理論與實務》
6. 《財務管理：理論與實務》
7. 《重新創造影響力》

管理決策 系列叢書

1. 《確定情況下的決策》
2. 《不確定情況下的決策》
3. 《風險管理》
4. 《決策資料的迴歸與分析》

全球化與地球村 系列叢書

1. 《全球化：全人類面臨的重要課題》
2. 《文化人類學》
3. 《全球化的社會課題》
4. 《全球化的經濟課題》
5. 《全球化的政治課題》
6. 《全球化的文化課題》
7. 《全球化的環境課題》
8. 《全球化的企業經營與管理課題》

應用性社會科學調查研究方法 系列叢書

1. 《應用性社會研究的倫理與價值》

2. 《社會研究的後設分析程序》
3. 《量表的發展：理論與應用》
4. 《改進調查問題：設計與評估》
5. 《標準化的調查訪問》
6. 《研究文獻之回顧與整合》
7. 《參與觀察法》
8. 《調查研究方法》
9. 《電話調查方法》
10. 《郵寄問卷調查》
11. 《生產力之衡量》
12. 《抽樣實務》
13. 《民族誌學》
14. 《政策研究方法論》
15. 《焦點團體研究法》
16. 《個案研究法》
17. 《審核與後設評估之聯結》
18. 《醫療保健研究法》
19. 《解釋性互動論》
20. 《事件史分析》

瞭解兒童的世界系列叢書

1. 《替兒童作正確的決策》

觀光、旅遊、休憩系列叢書

1. 《觀光行銷學》

資訊管理系列叢書

1. 《電腦網路與網際網路》

統計學系列叢書

1. 統計學

量表的發展：理論與應用

原　　著／Robert F. DeVellis.

譯　　者／吳齊殷

校　　閱／章英華

主 譯 者／國立編譯館

執行編輯／古淑娟

出 版 者／弘智文化事業有限公司

登 記 證／局版台業字第 6263 號

總 經 銷／揚智文化事業股份有限公司

地　　址／台北縣深坑鄉北深路三段 260 號 8 樓

電　　話／（02）8662-6826‧8662-6810

傳　　真／（02）2664-7633

E-mail／service@ycrc.com.tw

製　　版／信利印製有限公司

ISBN／957-98081-3-9

初版二刷／2005 年 06 月

定　　價／200 元

弘智文化出版品進一步資訊歡迎至網站瀏覽：
http://www.ycrc.com.tw

國家圖書館出版品預行編目資料

量表發展：理論與應用 / Robert F. DeVellis 著；
　吳齊殷譯. --初版. --台北市：弘智文化；
1999〔民 88〕
　冊：　公分（應用社會科學調查研究方法系列叢書；3）
參考書目：面；含索引
譯自：Scale Development：Theory and Applications

ISBN　957-98081-3-9（平裝）

1. 社會科學－研究方法　2. 測量

540.15　　　　　　　　　　　　　　　88000904